DR. INGE HOFMANN

Schlank ab 40

THEORIE

PRAXIS

GU RATGEBER GESUNDHEIT

GU PLUS

Folder zum Buch

Schlank ab 40

DR. INGE HOFMANN

G|U

40 – DIE MAGISCHE ALTERSGRENZE?

Der 40. Geburtstag scheint eine magische Schwelle darzustellen. Denn nicht wenige Frauen fürchten, dass ihr Körper jetzt nicht mehr jugendlich, schlank und begehrenswert ist. Und tatsächlich verändert sich der weibliche Organismus mit zunehmendem Alter. Das auffälligste Symptom: Wir nehmen zu – und das hat mehrere Ursachen.

Der Hormonhaushalt verändert sich

Der sinkende Östrogen- und Progesteronspiegel ist nicht nur für die typischen Wechseljahrsbeschwerden verantwortlich, wie Nervosität, Hitzewallungen oder depressive Verstimmungen. Er begünstigt auch die Gewichtszunahme. Ein Grund: Im selben Zuge, wie die Östrogenproduktion nachlässt, steigt der Appetit.

Der Stoffwechsel wird langsamer

Je älter wir werden, desto sparsamer arbeitet der Stoffwechsel. Daher speichert der Körper Energie leichter in Form von Fett in den Zellen – und verteidigt diese Depots eisern.

Die Muskeln werden schlaffer, der Bauch dicker

Durch mangelnde Bewegung wird das Verhältnis von Muskelmasse zu Fett immer schlechter. Andauernder Stress begünstigt diesen Prozess noch, denn das Stresshormon Cortisol baut weitere Muskeln ab. Das Absinken der Hormone führt zudem dazu, dass sich das Fett vor allem am Bauch ansammelt, wo es besonders hartnäckig sitzt. Einfache Kohlenhydrate wie Zucker und tierische Fette unterstützen das noch. Kleiner Trost: Wer ein paar Kilos zu viel mit sich herumträgt, leidet weniger unter den Begleiterscheinungen der Wechseljahre. Denn das Körperfett produziert in geringen Mengen selbst weibliche Hormone. Und dadurch sinkt der Hormonspiegel sanfter.

DIE 40+-ERNÄHRUNG

Im Grunde müssen Sie nur ein paar Kleinigkeiten ändern, um Ihr Essverhalten an den sich wandelnden Stoffwechsel anzupassen. Dann arbeiten Sie mit Ihrem Körper, nicht gegen ihn. Das Wichtigste: Essen Sie mäßig, aber regelmäßig. Dadurch bleibt der Blutzuckerspiegel auf einem ausgewogenen Niveau, und Heißhungerattacken haben keine Chance mehr.

Verzichten Sie auf Süßes

Lebensmittel mit einem hohen glykämischen Index – kurz, alles was süß schmeckt – lassen den Blutzucker und damit den Insulinspiegel in die Höhe schießen. Ebenso rasch sinkt er jedoch wieder – und Sie fallen in ein neues Heißhungerloch. Streichen Sie daher Zucker und Weißmehlprodukte so weit wie möglich aus Ihrem Speiseplan.

Setzen Sie auf die richtigen Kohlenhydrate und Eiweiß

Die Grundlage der Ernährung sollten komplexe Kohlenhydrate bilden, wie Vollkornprodukte, Hülsenfrüchte, Gemüse und Obst. Sie setzen den in ihnen enthaltenen Zucker nur langsam ins Blut frei, wodurch der Insulinspiegel gleichmäßig steigt. So bleiben Sie lange satt. Ebenfalls ein guter Sattmacher und wichtig zum Erhalt der Muskelmasse: mageres Eiweiß (Fleisch, Fisch, Milch und Milchprodukte).

Wenig Fett – und das richtige

Fett ist ein lebenswichtiger Nährstoff – sofern er in Maßen genossen wird. Reduzieren Sie also Ihren Fettkonsum, und bevorzugen Sie hochwertige Pflanzenöle. Da Fett ein geringes Volumen hat, treten die Sättigungssignale relativ langsam ein. Bis es soweit ist, haben Sie bereits eine Menge Kalorien verzehrt. Kombinieren Sie daher fettreiche Lebensmittel immer mit kalorienarmen, voluminösen Beilagen (Gemüse, Salat).

- Fliegen ist zwar zweifelsohne die schnellste Art des Reisens. In puncto Figur ist es jedoch eher kontraproduktiv: Fast im Stundentakt werden Leckereien gereicht. Dadurch kann innerhalb eines Fluges das zwei- bis dreifache Kalorienpensum einer normalen Mahlzeit zusammenkommen – bei null Bewegung. Lehnen Sie also zumindest Süßes ab und greifen Sie zu kalorienarmen Menüalternativen. Wählen Sie außerdem einen Fensterplatz: Helligkeit dämpft den Appetit.
- Üppige Büffets sind eine Verführung besonderer Art: Aussehen, Geruch und Geschmack der Speisen rufen ein ganzes Heer von Botenstoffen wach, so dass wir gar nicht anders können als zu essen. Schließlich ist der Körper genetisch darauf programmiert, bei reichlichem Nahrungsangebot auch kräftig zuzugreifen, um in Zeiten der Not versorgt zu sein. Ein Büffet ist also ein ernsthafter Angriff auf Ihre Figur, besonders wenn Sie sich wie im Urlaub längere Zeit so ernähren. Buchen Sie daher Ihrer Figur zuliebe lieber ein Hotel mit Menüwahl.
- All-inclusive-Urlaube sind wie eine Lizenz zum Essen: Den kulinarischen Angeboten rund um die Uhr kann kaum einer widerstehen – noch dazu weil alles im Preis inbegriffen ist. Buchen Sie daher so einen Urlaub nur zusammen mit einem intensiven Sportprogramm – oder vergessen Sie ihn.

DAS 40+-SPORTPROGRAMM

Ohne Bewegung läuft leider gar nichts. Allerdings sollte der Sport kein lästiger Pflichttermin werden. Überlegen Sie, wann Sie am besten regelmäßig Zeit dafür einplanen können, zum Beispiel ein wenig Gymnastik am Morgen, ein Spaziergang in der Mittagspause oder Laufen gleich nach der Arbeit. Wichtig ist nicht der Umfang, sondern die Regelmäßigkeit.

Fett verbrennen

Um die Fettdepots zum Schmelzen zu bringen, müssen Sie die Verbrennung tüchtig ankurbeln. Am einfachsten geht das mit Ausdauersport. Zwei- bis dreimal in der Woche 30 bis 60 Minuten Laufen, Walken, Radfahren, Schwimmen oder Tanzen sind bereits genug. Und das bei einem gemäßigten Tempo: Wenn Sie sich zu viel zumuten, gerät der Sauerstoffnachschub ins Stocken, und die Fettverbrennung kommt zum Erliegen. Denn der Körper schaltet dann auf Energiebereitstellung durch Zucker um und lässt die Fettdepots links liegen.

Muskeln aufbauen

Mit Ausdauertraining können Sie zwar abnehmen, eine gute Figur schaffen Sie damit allein noch nicht. Um die Silhouette zu straffen, brauchen Sie ein Krafttraining, mit dem Sie ganz gezielt Muskeln aufbauen und so Ihre persönlichen Problemzonen knacken. Nebeneffekt: Mit jedem Gramm Muskeln steigt auch der Grundumsatz, und Sie verbrennen mehr Kalorien – beim Sport und im Alltag.

Gute Haltung

Pilates stärkt nicht nur die gesamte Rumpfmuskulatur – und macht daher schön schlank. Die MIschung aus Gymnastik, Krafttraining und Yoga sorgt auch für eine tolle Körperhaltung und hält Sie richtig beweglich. Und dadurch wirken Sie noch einmal jünger.

- Planen Sie sorgfältig alle Maßnahmen, die Sie aus dem 40+-Lifestyle-Konzept in Ihren Alltag übernehmen möchten. Dann können Sie den Zeitplan langfristig einhalten, ohne in Stress zu geraten.

PROBLEM 7: Ihnen fehlt die Motivation

GEWICHTSFALLE: Ohne konsequente Lebensveränderungen jenseits der 40 ist es sehr schwer, seine Idealmaße zu erreichen beziehungsweise zu halten.
SOS-TIPP: Motivationshilfen unterstützen Sie, am Ball zu bleiben:

- Versuchen Sie nicht sofort jeden Punkt des 40+-Lifestyle-Konzepts umzusetzen, sondern suchen Sie sich den Vorschlag aus, der Ihnen besonders gut gefällt. Beobachten Sie, wie Sie sich mit der Zeit besser fühlen, und spüren Sie diesem guten Gefühl bewusst nach. Sicher haben Sie schon bald Lust auf noch mehr.
- Belohnen Sie sich für das Durchhalten mit einem tollen Kleidungsstück, das Ihnen wirklich gut steht.
- Gehen Sie unter Menschen, und genießen Sie die Komplimente, die Sie für Ihr gutes Aussehen erhalten. Dabei werden Sie beobachten, dass jenseits der 40 nicht mehr zählt, wie schön die Natur Sie geschaffen hat, sondern wie gut Sie sich gehalten haben. Dieser Aspekt rückt umso mehr in den Vordergrund, je älter Sie werden.
- Bedenken Sie, dass Sie das 40+-Lifestyle-Konzept nur drei Monate durchhalten müssen, um deutliche Veränderungen zu sehen. Und dann machen Sie einfach weiter!

PROBLEM 8: Sie sind viel auf Reisen

GEWICHTSFALLE: Durch falsches Essverhalten können sämtliche Bemühungen um eine schlanke Figur innerhalb weniger (Urlaubs-) Wochen zunichte gemacht werden.
SOS-TIPP: Gerade unterwegs müssen Sie besonders aufpassen, um nicht in kürzester Zeit ein Gewichtsplus zu erwerben, das Sie zu Hause wieder mühsam abarbeiten müssen. Seien Sie in folgenden Situationen besonders wachsam:

DER 40+-LEBENSSTIL

Ausgewogene Ernährung und ausreichend Bewegung schaffen zwar die Grundlagen für eine tolle Figur. Aber Sie müssen auch lernen, sich selbst zu verwöhnen, wenn Sie auf Dauer mit sich und Ihrem Körper zufrieden sein wollen. Achten Sie also darauf, dass neben all den Terminen und Verpflichtungen Ihr persönliches Wohlfühlprogramm nicht zu kurz kommt.

Stress abbauen

Entspannungstechniken wie Yoga, Qi Gong oder Autogenes Training helfen, Stress zu vermeiden. Mit etwas Erfahrung genügen bereits fünf Minuten, um zwischendurch zur Ruhe zu kommen.

Ausreichend schlafen

Einfacher als im Schlaf können Sie Fett gar nicht verbrennen. Denn dann übernehmen die körpereigenen Wachstumshormone diese Arbeit für Sie. Also: Ab in die Federn!

Bewusst genießen

Vieles, das einfach Spaß macht, ist eine wahre Hormonkur für Ihren Körper und somit ein natürlicher Schlankmacher. Gönnen Sie sich daher wann immer Sie können ohne schlechtes Gewissen Faulsein, Sex, Sonnenlicht, Urlaubmachen, eine Massage oder einen luxuriösen Verwöhntag in einem Day-Spa.

Finden Sie Ihren Typ

Wenn Sie unsicher sind, was Ihnen wirklich steht, lohnt es sich, in eine fachmännische Farb- und Stilberatung zu investieren. Das ist übrigens kein Zeichen von Schwäche, sondern von Professionalität. Und mit typgerechter Kleidung sowie dem passenden Styling potenzieren Sie den Erfolg des 40+-Lifestyle-Konzepts um ein Vielfaches.

- Versuchen Sie bei allem, was Sie tun, tief und langsam zu atmen, um den Stoffwechsel durch das Sauerstoffplus anzukurbeln. Gleichzeitig trainieren Sie damit Bauch- und Beckenbodenmuskulatur.

PROBLEM 5: Sie haben Heißhunger

GEWICHTSFALLE: Heißhunger führt zu unkontrolliertem Essen – vor allem von Süßem und Fettem.
SOS-TIPP: Hat Sie nicht nur ein großes Verlangen nach Süßigkeiten gepackt, sondern echter Heißhunger (der mit Symptomen wie Schweißausbruch, zittrigen Beinen oder Schwindel einhergeht), werden Sie nicht darum herumkommen, etwas Süßes zu essen:

- Kombinieren Sie einfache Kohlenhydrate, die rasch ins Blut wandern, mit komplexen, die langsam freigesetzt werden, wie Müsli mit Obst, (ungesüßte) Müsliriegel, Trockenfrüchte oder Vollkornbrot mit Honig. Vermeiden Sie jedoch fetthaltige Lebensmittel.
- Bekämpfen Sie den Heißhunger schnell. Je länger Sie warten, desto stärker wird er, und desto mehr werden Sie essen.
- Beugen Sie in Zukunft Heißhunger vor, indem Sie regelmäßig Mahlzeiten zu sich nehmen, die lange satt machen und reichlich komplexe Kohlenhydrate enthalten, wie Vollkornprodukte oder Hülsenfrüchte. Auch regelmäßig betriebener Ausdauersport wirkt regulierend auf das Hungergefühl.

PROBLEM 6: Sie haben schon viele Diäten erfolglos ausprobiert

GEWICHTSFALLE: Kurzfristige Veränderungen bringen nichts. Alle Maßnahmen, das Idealgewicht zu erreichen und zu halten, kosten Zeit und müssen auf Dauer in den Alltag integriert werden.
SOS-TIPP: Nur mit dem richtigen Zeitmanagement klappt es mit dem Abnehmen dauerhaft. Planen Sie Ihren Alltag neu:

- Schaffen Sie sich Freiräume für Ihr persönliches Wohlbefinden. Delegieren Sie Aufgaben so weit wie möglich.
- Erlernen Sie Techniken des Zeitmanagements und der effizienten Alltagsorganisation.

SOS-TIPPS FÜR KALORIEN-NOTFÄLLE

Gewichtsprobleme sind nicht nur eine Sache des Wissens und des guten Willens. Im Alltag gerät jede Frau hin und wieder in Situationen, in denen die Gewichtsfalle zuzuschnappen droht und mühsam erreichte Siege im Kampf gegen die Pfunde zunichte gemacht werden. Zum Glück gibt es aber jede Menge Schlank-Tipps, die Ihnen helfen, Ihre Figur zu halten.

PROBLEM 1: Sie haben Lust auf Süßes

GEWICHTSFALLE: Naschen stimuliert die Insulinausschüttung und begünstigt dadurch den Aufbau von Fettpolstern.
SOS-TIPP: Wählen Sie den richtigen Zeitpunkt:

- Naschen Sie morgens, nicht abends.
- Unmittelbar nach dem Sport verzehrt, schlagen Süßigkeiten weniger zu B(a)uche.
- Essen Sie Süßes möglichst nicht in Kombination mit Fett.
- Vermeiden Sie besonders an trüben und kalten Tagen den Griff zu Süßem. Sie können dann kaum noch aufhören.
- Vorsicht in der zweiten Zyklushälfte: Der Körper setzt die Kalorien jetzt schneller an als in den beiden ersten Wochen.

PROBLEM 2: Sie können erst spät zu Abend essen

GEWICHTSFALLE: Spätes Essen bremst die Ausschüttung des Fatburner-Hormons Somatotropin (Wachstumshormon).
SOS-TIPP: So belastet das Nachtessen Ihre Figur weniger:

- Bevorzugen Sie leicht verdauliche Kost, wie gedünstetes Gemüse oder Gemüsesuppen, mageres Fleisch oder mageren Fisch sowie Reis- und Nudelgerichte (ohne fette Saucen).

- Meiden Sie fettreiche Speisen und Zubereitungsarten.
- Verzichten Sie auf Süßspeisen und süße Getränke.
- Unterstützen Sie Ihre Verdauung mit Kapseln, Tropfen oder Tees, die Leber und Galle anregen, wie Artischocke, Fenchel, Anis, Angelikawurzel und Wermut.

PROBLEM 3: Sie haben es eilig, ein paar Pfund abzunehmen

GEWICHTSFALLE: Jenseits der 40 funktionieren Diäten kaum mehr. Dank des Jo-Jo-Effekts nehmen Sie sogar eher noch zu.

SOS-TIPP: Es gibt ein paar Tricks, die Ihnen relativ rasch helfen, schlanker auszusehen. Erwarten Sie aber keinen großen Gewichtsverlust in kurzer Zeit – dafür ist immer eine Umstellung der gesamten Lebensweise erforderlich.

- Verbannen Sie konsequent alle Lebensmittel mit hohem glykämischen Index von Ihrem Speiseplan – kurz, alles was süß schmeckt.
- Schränken Sie den Fettkonsum ein.
- Lassen Sie zweimal pro Woche das Abendessen ausfallen.
- Trainieren Sie gezielt Ihre Bauchmuskeln.
- Kleiden Sie sich vorteilhaft, lassen Sie sich zu einer typgerechten Frisur beraten und machen Sie sich sorgfältig zurecht – ein paar Kilos zuviel fallen dann viel weniger auf.

PROBLEM 4: Sie haben nächste Woche keine Zeit für Sport

GEWICHTSFALLE: Ohne Sport funktioniert Abnehmen jenseits der 40 überhaupt nicht mehr.

SOS-TIPP: Versuchen Sie, selbst in einer absolut termingefüllten Woche zumindest ein Minimum an sportlicher Aktivität aufrechtzuerhalten. Konzentrieren Sie sich dabei auf das Wesentliche:

- Trainieren Sie nur die Bauch- und Rückenmuskulatur. Sie sind die Haupt-Fatburner und prägen überdies das Aussehen eines Menschen mehr als alle anderen Muskeln.
- Nutzen Sie verstärkt die natürlichen »Muskelschmieden« im Alltag, wie Treppensteigen, Fahrradfahren und kurze Spaziergänge.

DIE AUTORIN

Dr. rer. nat. Inge Hofmann ist Lebensmittel- und Biochemikerin und arbeitet seit vielen Jahren erfolgreich als Wissenschaftsjournalistin und Fachbuchautorin. Sie schrieb zahlreiche erfolgreiche Lifestyle-Ratgeber zu den Themen Ernährung, Immunsystem und Altern.
Die Autorin wurde mit dem Journalistenpreis 2000 der Deutschen Gesellschaft für Ernährung ausgezeichnet.

EIN WORT ZUVOR

Kommt Ihnen das bekannt vor: Sie treiben Sport, doch der Bauch wird trotzdem immer dicker, die Muskeln schlaffer? Sie essen »fast nichts« und nehmen dennoch zu? Es lässt sich nicht leugnen: Jenseits der 40 wird es immer schwieriger, das Körpergewicht zu halten oder gar abzunehmen. Selbst Frauen, die bisher nie Gewichtsprobleme hatten, machen sich jetzt Gedanken um ihre Figur. Woran liegt das? Sind wir zu faul geworden und bewegen uns zu wenig? Essen wir zu gut? Oder steckt gar eine rätselhafte Krankheit hinter den kletternden Pfunden? Keine Sorge, die Ursache ist rein biologisch: In jungen Jahren verbrennt der Stoffwechsel überschüssige Pfunde im Nu und steckt daher so manche Ernährungs- und Kaloriensünde locker weg. Mit zunehmendem Lebensalter wird er aber immer langsamer – die überschüssige Energie wird leichter in den Fettdepots gespeichert. Gleichzeitig steigt auch noch der Appetit. Schuld an diesen Veränderungen sind die Hormone, die ab 40 genetisch anders programmiert sind als in der Jugend. Und genau das führt zu schwindender Muskelmasse und hartnäckigen Polstern an Hüften, Taille und Schultern.

Doch ein 40+-Stoffwechsel bedeutet nicht, dass die Jahre der körperlichen Attraktivität vorbei sind. Im Gegenteil! Sie können jenseits der Vierzig besser aussehen denn je: In diesem Buch erfahren Sie alles, was Sie wieder in Form bringt – und hält. Es ist gar nicht schwer, Sie müssen nur Ihren Lebensstil dem veränderten Stoffwechsel anpassen. Statt (Crash-)Diäten und exzessivem Sport ist ein ganzheitliches sanftes Lifestyle-Konzept angesagt. Damit finden Sie nicht nur zu Ihren Idealmaßen, auch Ihre Gesundheit profitiert davon. Und ganz nebenbei ist das Programm noch ein hervorragendes Anti-Aging-Konzept: Sie sehen jünger und fitter aus. Fangen Sie am besten gleich an. Ich wünsche Ihnen dabei viel Erfolg.

Dr. Inge Hofmann

SCHLANK FÜRS LEBEN

Für eine gute Figur müssen Sie sich nicht kasteien. Es genügt, die wichtigsten Stoffwechselfallen zu meiden und Ihre biologische Ideallinie zu finden.

Mit 40 attraktiver denn je

Sarah Jessica Parker, Terri Hatcher, Petra Gerster, Iris Berben, Veronica Ferres, Birgit Schrowange – kaum zu glauben, dass diese attraktiven Frauen alle über 40 sind. Es ist jedoch beileibe kein Privileg der Stars, jüngere Frauen in puncto Ausstrahlung weit hinter sich zu lassen. Auch Sie können mit 40 richtig toll aussehen. Nutzen Sie einfach die neuesten wissenschaftlichen Erkenntnisse, um Ihren Körper in Bestform zu bringen und jugendlich frisch zu halten. Dazu kommt: Mit 40+ wissen Sie, was Ihnen steht, und Sie machen nicht (mehr) jede Modetorheit mit – zusammen mit einer Topfigur eine unschlagbare Trumpfkarte für eine umwerfende Ausstrahlung. In diesem Buch erfahren Sie, wie Sie mit dem 40+-Lifestyle-Konzept auf natürliche Weise schlank bleiben beziehungsweise schlank werden können. Toller Nebeneffekt: Sie gewinnen an Vitalität, Gesundheit und Wohlbefinden – und das wird man Ihnen ansehen.

Doch was passiert eigentlich mit dem Körper, wenn wir die magische Altersgrenze 40 erreichen? Vereinfacht ausgedrückt: Die Stoffwechselflamme brennt nicht mehr so hell. Verglichen mit einer 20-Jährigen hat sich das Stoffwechseltempo um rund 10 bis 15 Prozent verringert. Wer trotzdem isst wie in jungen Jahren, wird zwangsläufig immer mehr an Gewicht zulegen. Darüber hinaus wandelt der Körper jetzt verstärkt Muskeln in Fett um – das Abnehmen wird dadurch nicht leichter. Zu guter Letzt ist der weibliche Körper auch noch auf eine effizientere Fettspeicherung programmiert als der männliche. Wenn wir Kinder bekommen, müssen wir schließlich rein biologisch in der Lage sein, zwei Menschen gleichzeitig mit Energie zu versorgen. Und dieses Programm funktioniert ein Leben lang; auch wenn die fruchtbaren Jahre längst vorbei sind.

Missverhältnis Stoffwechsel – Lebensweise

Der Stoffwechsel läuft mit fortschreitendem Alter nicht mehr so ökonomisch ab wie in jüngeren Jahren. Der Körper nimmt jetzt leichter Energie in die Zellen auf und speichert sie in Form von Fett. Und die Fettzellen werden vehement verteidigt. Parallel dazu verändert sich in der Regel auch unser Alltag. Wenn eine Frau die 40 erreicht hat, sitzt sie in der Regel viel mehr als früher. Die Kinder halten sie – zumindest körperlich – in der Regel nicht mehr so auf Trab. Trotzdem bleibt im Tagesplan keine Zeit für Sport. Stattdessen gehen wir (beruflich) öfter essen, greifen aus Zeitgründen mehr als früher zu Fertiggerichten und Fastfood und legen die meisten Strecken mit dem Auto zurück. Dadurch wird die Kluft zwischen dem, was dem Körper gut tut, und unserer Lebensweise immer größer. Auffälligstes Symptom: Wir nehmen zu.

WICHTIG

Genau dort, wo das lästige Problem mit dem Gewicht jenseits der 40 liegt, ist auch dessen Lösung zu finden: Passen Sie Ihre Lebensgewohnheiten einfach dem veränderten Stoffwechsel an und lernen Sie die neuen, schlanken Regeln für Ihr Idealgewicht kennen.

KEINE DIÄT NACH 40!

Abnehmkuren jenseits der 40 lassen Sie vielleicht zunächst ein paar Pfunde verlieren, doch langfristig werden Sie davon nur dicker. Denn jetzt schlagen die Überlebensmechanismen des Körpers gnadenlos zu, und eine sinkende Kalorienzufuhr wird für den Körper zum Notfall. Die Reaktion darauf: Der Organsimus senkt den Energieverbrauch im Ruhezustand, um Kalorien-Brennstoff zu sparen. Die Nahrung wird bis zur letzten Kalorie verwertet. Die Esslust wird gesteigert, Dauerappetit ist die Folge.
Je öfter Sie eine Diät machen, desto heftiger läuft das Notfallprogramm ab, und Sie werden immer dicker (Jo-Jo-Effekt).

Durch zu häufige Diäten droht jedoch nicht nur Übergewicht. Rasche Gewichtsabnahme zählt beispielsweise auch zu den Risikofaktoren für Gallensteinerkrankungen. Ferner haben Forscher herausgefunden, dass häufige Gewichtsschwankungen (so genanntes weight cycling) zu einer Abnahme der Knochendichte führen und Osteoporose begünstigen können. Nicht zuletzt leidet auch Ihre Haut unter den Crash-Diäten, weil sie einfach nicht mehr so elastisch ist wie früher. Durch häufiges Zu- und Abnehmen wird sie immer schlaffer – wie ein zu oft gedehntes Gummiband. Beenden Sie diesen Teufelskreis mit dem 40+-Lifestyle-Konzept.

Im Einklang mit Ihrem Stoffwechsel

Um in diesem Kampf Sieger zu bleiben oder noch besser gar nicht erst hineinzugeraten, hilft nur eine Taktik: Leben Sie mit Ihrem Stoffwechsel, nicht gegen ihn. Bringen Sie Ihre Bedürfnisse wieder zur Deckung mit Ihrer Lebensweise. Finden Sie zurück zur biologischen Ideallinie und geben Sie Ihrem Körper genau das, was er braucht. In diesem Ratgeber lesen Sie alles darüber, wie Sie Ihren Stoffwechsel im Lot halten, Ihre Hormone ausbalancieren und Ihre Fettzellen zügeln können. So lernen Sie sich und Ihre biologischen Bedürfnisse immer besser kennen.
Der Lohn dafür ist nicht nur eine super Figur, Sie tun auch noch eine Menge für Ihr persönliches Wohlbefinden und Ihre Gesundheit. Auf den Punkt gebracht: Ein Leben im biologischen Gleichgewicht verleiht Ihnen eine faszinierende Ausstrahlung, die Ihnen kein noch so ausgefallenes Zaubermittel dieser Welt schenken könnte. Und dadurch werden die Jahre jenseits der 40 zu den schönsten Ihres Lebens.

Körper und Geist werden anfälliger

Meist ist es ein schleichender Prozess: Wir reagieren gereizter, wenn es in Job und Familie mal nicht ganz so glatt so läuft, wie es eigentlich sollte. Ein Verkehrsstau bringt uns genauso in Rage wie die Warteschlange im Supermarkt. Doch nicht nur die Seele ist dünnhäutiger geworden, sondern auch der Körper: Eine durchgefeierte Nacht haben wir mit 20 noch locker weggesteckt. Jenseits der 40 lastet sie schwer auf dem nächsten Tag. Ebenso hinterlassen ein Stück Kuchen oder ein Eisbecher meist unübersehbare Spuren an Bauch und Hüften.

Frauen über 40 sind besonders empfänglich für eine Gewichtszunahme. Das liegt nicht nur am chronischen Stress – Berufstätigkeit, Haushalt und mehr –, sondern auch an den hormonellen Veränderungen. Genau die Hormone nämlich, die bisher beinahe ein Garant für 90-60-90-Maße und gute Laune waren, lassen uns jetzt im Stich. Ein weiterer Faktor: Die Stoffwechselflamme brennt nicht mehr so kräftig wie früher. Selbst Frauen, die regelmäßig trainieren und Normalgewicht haben, stellen irgendwann fest, dass sich am Bauch und an der Taille hartnäckige Fettpölsterchen ansammeln.

WICHTIG

Frauen in der Postmenopause (der zweiten Hälfte der Wechseljahre nach der letzten Menstruation) neigen zu einer Schilddrüsenunterfunktion. Dadurch wird der Stoffwechsel noch träger. Die Figur zu bewahren wird immer schwerer. Lassen Sie sich beim Arzt durchchecken.

Stoffwechseltempo und Pfunde

Während eine 20-Jährige täglich rund 2000 Kilokalorien benötigt, können Sie mit 45 getrost 300 Kilokalorien abziehen. Eine Menge, die zum Beispiel zwei Dosen Cola, einem Stück Käsesahnetorte oder drei Bananen entspricht. Verzichten Sie nicht auf dieses Plus, nehmen Sie alle 14 Tage ein ganzes Pfund zu – und das summiert sich auf rund 12 Kilo im Jahr.

Wenn Sie in dieser Situation versuchen, das Problem mit Schlankheitskuren zu bekämpfen, bewirken Sie jedoch genau das Gegenteil von dem, was Sie sich wünschen: Sie verlieren weitere wertvolle Muskelmasse, die ohnehin mehr und mehr vom Fett verdrängt wird. Denn wenn der Körper hungern muss, zapft er die Muskeln an, um Energie zu erzeugen. Dadurch wiederum sinkt der Grundbedarf des Körpers, und Sie dürften noch weniger essen, um nicht zuzunehmen. Ein Teufelskreis beginnt.

Hunger entsteht im Gehirn

Sicher ist auch Ihnen schon aufgefallen, dass Hungergefühle weitaus quälender sind als Sättigungsgefühle. Hunger treibt Sie unweigerlich zur Nahrungsaufnahme, mit dem Aufhören klappt es dagegen nicht so gut. Der einleuchtende Grund: Wenn wir gar nichts essen, sterben wir nach 45 Tagen. Vom Überessen dagegen geht keine unmittelbare Lebensgefahr aus.

Hunger ist jedoch nicht gleichbedeutend mit Magenknurren, sondern ein höchst komplizierter Mechanismus, der über zahlreiche

Hormone geregelt wird. So gibt es auch mehr Hunger- als Sättigungssignale – ebenfalls ein angeborener Überlebensmechanismus. Mit zunehmendem Alter werden diese Hungersignale aufgrund der hormonellen Veränderungen noch intensiver wahrgenommen, was zu regelrechten Fressattacken führen kann. Deshalb ist es wichtig, Verständnis für die eigenen Hungergefühle zu entwickeln.

ÜBERLEBENSTAKTIK
Die Natur hat es uns leicht gemacht, zuzunehmen: In unseren Genen sind keine Maßnahmen gegen die Gefahren des Überessens vorgesehen. Dagegen herrscht eine Vielfalt an ausgeklügelten Strategien, die zum Essen einladen und uns so (ursprünglich) vor dem Verhungern schützen.

Was ist eigentlich Hunger?

Mehrere Signalstoffe, hauptsächlich Peptide, also kleine Ketten aus Aminosäuren (die kleinsten Bauteile der Eiweiße) regulieren die Nahrungsaufnahme. Forscher vermuten, dass etwa 100 Botenstoffe Einfluss auf das Gefühl nehmen, hungrig oder satt zu sein. Einige davon sind bereits gut erforscht. So unterdrückt die Substanz Leptin das Sättigungsgefühl, Ghrelin kurbelt das Verlangen nach Essen an. Jüngst wurde entdeckt, dass auch Komponenten des Cholesterinstoffwechsels den Appetit beeinflussen und die Fettspeicherung steuern.

Das Gehirn als Zentralcomputer reguliert sowohl die Energie- beziehungsweise Nahrungsaufnahme als auch den Energieumsatz des Körpers. Um das Körpergewicht regulieren zu können, muss es einerseits fortwährend den Energiezustand des Körpers messen, andererseits Hunger und Sattheit regulieren und anpassen. Vereinfacht lässt sich dies einem Sättigungs- und einem Hungerzentrum zuordnen, die sich gegenseitig hemmen. Da das Hungerzentrum aber vorrangig reagiert, lässt sich Hunger praktisch nicht ausbremsen. Und da er zu den Urtrieben des Menschen gehört, suchen wir bei Hunger automatisch nach Nahrung. Andere (über-) lebenswichtige Verhaltensweisen wie beispielsweise die Lust auf Sex werden dabei unterdrückt. Wer hungrig ist, muss also ständig ans Essen denken. Das ist keine Charakterschwäche, sondern ein unentrinnbares biologisches Programm.

Gesättigt oder satt?

Wissenschaftler unterscheiden zwischen Sättigung und Sattheit. Obwohl die Nahrungsaufnahme letztlich zum Auffüllen der Energiespeicher führt, hören wir in der Regel mit dem Essen auf, bevor die aufgenommenen Nahrungsstoffe vom Körper resorbiert sind. Wir sind gesättigt. Sättigungssignale regulieren nicht die Energiebilanz, sondern hauptsächlich die Dauer und Häufigkeit der Mahlzeit. Die Sattheit dagegen tritt erst nach Beendigung der Mahlzeit ein und beschreibt den Zustand bis zum erneuten Auftreten des Hungergefühls.

IMMER IM BLICK
Durch Beobachtung lernen Sie, die Signale Ihres Körpers zu unterscheiden: Wann fühlen Sie sich gesättigt und verspüren den Impuls, eine Mahlzeit zu beenden? Wann sind Sie wirklich satt, empfinden also keinen Hunger mehr?

Bin ich noch hungrig?

Das Gehirn kann auf zwei Wegen vom chemischen Inhalt des Magen-Darm-Trakts erfahren. Zum einen sind bestimmte Nerven als Sensoren ausgestaltet, die permanent Art und Menge des Magen- und Darminhalts messen. Die Botschaften werden dann an das Gehirn weitergeleitet. Darüber hinaus sind auch bestimmte hormonproduzierende (endokrine) Zellen der Darmschleimhaut in der Lage, den Füllungszustand des Magens oder Darms zu bestimmen. Sie reagieren bei Anwesenheit von Magensäure, Aminosäuren oder Zuckern mit der Freisetzung spezieller Peptidhormone – Hormone, die aus Aminosäuren aufgebaut sind –, die dem Gehirn ebenfalls eine Botschaft übermitteln. Eines dieser Peptidhormone, das durch die Anwesenheit von Nahrungsbrei im Darm in das Blut freigesetzt wird, ist das Cholecystokinin. Dadurch entsteht ein Sättigungssignal im Gehirn. Doch diese Botschaft kommt erst mit einer gewissen Verzögerung im Gehirn an. Ein Gefühl der Sättigung zeigt an, dass die aufgenommenen Nah-

NICHT ZU OFT ESSEN
Es ist schon viel über die Mechanismen bekannt, die zur Sattheit führen und die Größe einer Mahlzeit regulieren. Weitgehend unbekannt dagegen ist noch immer, wie die Intervalle zwischen den Mahlzeiten, also die Mahlzeitenfrequenz, reguliert werden. Man weiß lediglich, dass auch diese für die Kalorienaufnahme von Bedeutung sind. Wer also abnehmen möchte, sollte nicht nur die Portionen im Auge behalten, die er bei jeder Mahlzeit zu sich nimmt, sondern auch registrieren, wie häufig er isst.

rungsbestandteile im Verdauungstrakt zerlegt worden und in verwertbarer Form ins Blut gewandert sind. Über spezielle Rezeptoren werden im Blut die Konzentrationen an Zucker, Aminosäuren und an bestimmten Hormonen, wie zum Beispiel Insulin, Glucagon und Cholecystokinin, gemessen. Über einen komplexen Weg entsteht im Gehirn dann die Botschaft »satt« oder »hungrig«. Diese ausgeklügelten Regulationsmechanismen sorgen dafür, dass das Körpergewicht in gewissen Grenzen konstant bleibt.

Befehl »Nahrungsaufnahme«

Zahlreiche Nervenbotenstoffe stimulieren die Nahrungsaufnahme. Dabei kommt es auf die genaue Kombination von Botenstoff und Rezeptor an. Rezeptoren sind sozusagen die Lande- und Andockstellen der Botenstoffe. So kann beispielsweise das Stresshormon Noradrenalin sowohl die Nahrungsaufnahme hemmen als auch stimulieren, je nachdem, an welchen Rezeptor es bindet. Das Hormon Adrenalin ruft in bestimmten Bereichen des Gehirns nicht nur eine Stimulation der Nahrungsaufnahme hervor, sondern steigert selektiv die Aufnahme von Kohlenhydraten. In ähnlicher Weise bewirkt das Peptid Galanin eine verstärkte Fettaufnahme, während andere Botenstoffe zu einer verstärkten Proteinaufnahme führen. Der Körper signalisiert also genau, was er braucht.

Der wohl stärkste Stimulator zum Essen ist das Neuropeptid Y. Da es gleichzeitig die energieverbrauchende Freisetzung von Wärme einschränkt, ist dieses Peptid ein wahrer Dickmacher. Das Fatale: Während durch die Nahrungsaufnahme weniger Neuropeptid Y freigesetzt wird, führt ein Nahrungsentzug (zum Beispiel bei einer Diät) zu seiner verstärkten Freisetzung. Wissenschaftler nehmen an, dass das Neuropeptid Y nach ein paar Tagen Reduktionsdiät verstärkt in Umlauf geschickt wird und auf diese Weise die Diät regelrecht sabotiert. Kürzlich wurden noch zwei weitere solcher »Diätgegner« entdeckt: Orexin A und Orexin B. Diese Peptide werden bei Hunger vermehrt ausgeschüttet und rufen Überessen hervor. Sie brauchen sich also nicht zu wundern, wenn der Hunger schneller als Ihnen lieb ist bei Ihnen anklopft. Ihre Botenstoffe wollen es so.

WICHTIG

Wenn Sie Ihr Gewicht halten wollen, sollten Sie auf den körpereigenen Regulationsmechanismus hören und ihn nicht dadurch ausblenden, dass Sie zu schnell essen.

Leptin – Hüter der Reserven

Botenstoffe sorgen aber nicht nur für Energiezufuhr, sie verteidigen auch die Reservelager. Das Fettgewebe produziert einen Faktor, der dem Gehirn mitteilt, wie gut gefüllt die Fettspeicher sind. Dieses Protein heißt Leptin. Es wird vom Fettgewebe ins Blut abgegeben und gelangt so in das Gehirn. Je mehr Fettgewebe vorhanden ist, desto mehr Leptin wird produziert und desto höher ist die Blutkonzentration an Leptin. Leptin ist also eine Art Langzeitsignal, das im Gegensatz zu den Sättigungssignalen die Füllung der Energiespeicher meldet.

Hungrig durch Leptinmangel?

Die primäre Aufgabe des Leptins scheint nicht darin zu bestehen, den Körper vor zu viel Nahrungsaufnahme und damit Fettzunahme zu schützen. Es spielt eher bei der entgegengesetzten Situation eine Rolle, also bei Nahrungsmangel. Ein Mangel an Leptin führt zu Hungergefühlen und löst so die Nahrungsaufnahme aus, während ein Leptinüberschuss nicht zwangsläufig den Appetit reduziert.

Zudem ist bekannt, dass Leptin wichtig für das Immunsystem und für die Fruchtbarkeit ist. Beides sind sehr energieaufwändige Systeme; wenn die Fettspeicher des Körpers leer sind (und daher wenig Leptin vorhanden ist), werden diese Funktionen sozusagen auf Eis gelegt, um Energie einzusparen und so das Überleben zu sichern. Dadurch erklärt sich auch, weshalb bei extrem abgemagerten Teenagern und Frauen (zum Beispiel bei Magersucht) die Regelblutung ausbleibt. Es ist auch bekannt, dass junge Mädchen erst dann in die Pubertät eintreten, wenn ein bestimmter kritischer Körperfettgehalt überschritten ist. Dieser Mechanismus hat einen wichtigen Grund: Die Fortpflanzung verlangt Frauen sehr viel Energie ab. Eine Schwangerschaft kann deshalb nur dann eintreten, wenn gewisse Energiereserven vorhanden sind, die die Überlebenschancen von Mutter und Säugling vergrößern. Sie sehen: Es ist von der Evolution nicht willkürlich, sondern durchaus sinnvoll eingerichtet, dass Frauen einen höheren Fettanteil besitzen als Männer.

WEIBLICHE LEPTINWERTE

Der weibliche Körper weist höhere Leptinkonzentrationen auf als der männliche. Das liegt zum einen daran, dass Frauen mehr Fettgewebe haben (die Leptinkonzentration im Blut variiert etwa proportional zum Körperfettgehalt). Außerdem reduziert das männliche Sexualhormon Testosteron die Leptinabsonderung.

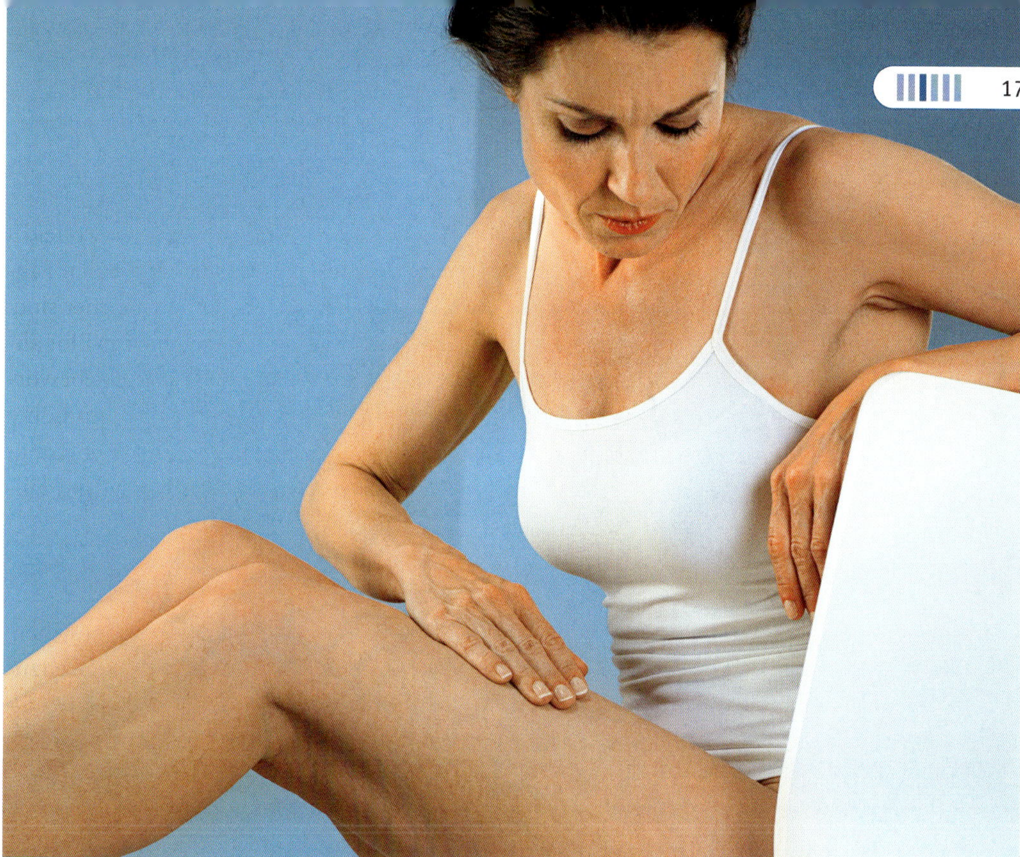

Fettzellen und ihre Helfer

Die Fähigkeit, Energievorräte anlegen zu können, zählt zu den wichtigsten Überlebensmechanismen. Wenn dem Körper überschüssige Energie zugeführt wird, füllen sich zunächst die vorhandenen Fettzellen, dann werden neue gebildet. Da es für diesen Vorgang keinen Regulationsmechanismus gibt, können die Vorratslager beliebig erweitert werden. Dazu kommt: Der Prozess ist oft mit Wohlbehagen verbunden. Gerade bei psychischer Belastung werden Fettpolster als beruhigende »Nervenpolster« empfunden.

Eine weitere Tücke: Einmal angelegte Fettzellen können durch Nahrungsentzug zwar wieder entleert, aber nicht mehr abgebaut werden. Und hier beginnt nun ein Teufelskreis. Fettzellen mischen sich nämlich in die innere Kommunikation des Organismus ein. Sind sie voll, schütten sie Leptin in das Blut aus. Wie bereits beschrieben signalisiert Leptin dem Gehirn, dass die Speicher voll sind und eine weitere Nahrungsaufnahme nicht nötig ist (siehe Seite 16). Sind die Fettzellen aber leer, wird kein Leptin ausgeschickt. Das Hungerzentrum meldet sich mit der Botschaft, die Vorräte aufzufüllen. Wer jemals zu dick war, wird also immer wieder Hungergefühle verspüren und tut sich daher schwer, sein Gewicht zu halten.

Wie der Körper sein Gewicht verteidigt

Wenn der Körper keine Nahrung mehr bekommt, beginnt er von seinen Reserven zu zehren. Er greift auf seine Energiespeicher zurück: Körperfett, Zucker in Leber und Muskeln und das Muskeleiweiß selbst. Zunächst geht es an die Zuckerreserven: Rund 100 Gramm Zucker werden jeden Tag zur Versorgung von Gehirn, Nervenzellen und roten Blutkörperchen benötigt. Kommt mit dem Blut kein Zucker mehr nach und sind die Zuckerspeicher leer, muss auf andere Reserven zurückgegriffen werden: Es geht an die Fettpolster und an das Muskeleiweiß.

Während jedoch der Abbau der Fettdepots überaus wünschenswert ist, wirkt der Muskelabbau wie eine Abnehmbremse und erschwert die Gewichtsreduktion zusätzlich. Achten Sie während einer Diät deshalb zumindest auf eine ausreichende Zufuhr von Eiweiß.

DIE UMVERTEILUNG DES FETTES

Bei Frauen ändert sich die Fettverteilung am Körper im Laufe ihres Lebens. In jüngeren Jahren sitzt überschüssiges Fett zunächst an den Hüften und an den Oberschenkeln (so genannte gynoide Fettverteilung). In späteren Jahren lagert es sich dann unter dem Einfluss von Hormonveränderungen am Bauch an und führt zu einem höheren Taille-Hüfte-Verhältnis. Und hier heißt es aufpassen: Wenn sich zu viel Fett am Bauch ansammelt, ist das nicht nur ein optisches Problem, sondern das kann auch Ihre Gesundheit gefährden (siehe Seite 31).

Gramm für Gramm

Der Fettabbau läuft nur sehr langsam ab. Da im Fett reichlich Energie pro Volumen steckt, sickern die Fettbausteine nur tröpfchenweise ins Blut. Wenn Sie weiter wenig essen, nimmt der Körper aber auch weiterhin ab. Allerdings wird der Gewichtsverlust von Woche zu Woche geringer. Ihr Körper wehrt sich gegen das Abspecken und verteidigt sein Gewicht mit allen Mitteln, die ihm die Evolution zur Verfügung gestellt hat. Und davon hat er ein ganzes Arsenal vorzuweisen.

Einbahnstraße Set-point

Kein Mensch schafft es, täglich exakt so viele Kalorien zu sich zu nehmen, wie sein Körper jeweils benötigt. Manchmal essen wir mehr, manchmal auch weniger. Trotzdem hält der Körper überraschend lange sein Gewicht konstant, indem er einen Kalorienüberschuss ebenso kompensiert wie einen Kalorienmangel. Dieses autonom geregelte und durch die Gene bestimmte Gewichtsniveau heißt Set-point. Es ist das Gewicht, das in der Regel ohne große Anstrengung gehalten werden kann.

Das Problem: Bei einem permanenten Kalorienüberschuss stellt sich der Set-point auf ein höheres Gewichtsniveau ein. Umgekehrt lässt sich dieses aber durch Unterernährung nur schwer wieder nach unten verstellen. Hat sich das Körpergewicht also erst einmal auf ein erhöhtes Niveau eingependelt, ist es nicht leicht, dieses wieder nach unten zu korrigieren.

Darum geht das Körpergewicht mit zunehmendem Alter oft kontinuierlich nach oben.

Bei Kalorienüberschuss wird normalerweise der Appetit gedrosselt, der Grundumsatz erhöht und damit mehr Energie verbraucht. Wird der Körper dagegen zu schlecht ernährt, reagiert er mit Heißhunger und einer Drosselung des Grundumsatzes, also mit einem verminderten Energieverbrauch. Wer diesem Hunger weiterhin mit sehr viel Selbstdisziplin widersteht, nimmt zwar tatsächlich erfolgreich, aber auch äußerst mühsam ab. Und dies fällt umso schwerer, je länger die Unterversorgung andauert. Schließlich schaltet der ganze Organismus auf ein Sparprogramm um.

WICHTIG

Wer meint, durch regelmäßiges Diäten abnehmen zu können, der irrt. Der Körper »glaubt« an eine Hungersnot und zieht die Notbremse: Der Energieverbrauch wird gedrosselt, die Hungerbotenstoffe werden in Umlauf geschickt. Und spätestens wenn aus Ihrem Hunger ein Heißhunger auf Kalorienbomben geworden ist, haben Sie die Schlacht verloren. Abnehmen funktioniert daher nur, wenn Sie Ihre Hungerbotenstoffe unter Kontrolle halten. Sie dürfen sie niemals durch den Anschein einer Hungersnot reizen.

Die Psychotricks der Fettzellen

Auch Botenstoffe verteidigen das Gewicht – eine Art Psychotrick des Körpers: Je länger er zu wenig Energie bekommt, desto deutlicher klopfen die Hungersignale an. Spezielle Hormone und Botenstoffe wirken auf das Nervensystem ein und erzeugen mittels chemischer Reaktionen eine wachsende Gier auf Nahrungsmittel. Wenn wir unserem Körper nun überschüssige Energie zuführen und dadurch an Gewicht zulegen, werden unsere Fettzellen gefüllt. Wenn nichts mehr in sie hineinpasst, vermehren sie sich. Wie bereits erklärt, werden wir sie aber nie mehr los. Nehmen wir ab, werden die Depots zwar entleert, aber nicht vernichtet. Die leeren Fettzellen sind jedoch bereits wieder eine Einladung zum Essen (siehe Seite 16).

Besonders rasch vermehren sich Fettzellen im Wachstumsalter. Eltern, die ihre Kinder dick füttern, legen dadurch den Grundstein für Übergewicht in späteren Jahren. Und Menschen, die einmal ziemlich kräftig waren und abgenommen haben, werden rascher hungrig als Menschen, die ihr Leben lang schlank waren.

SCHWERE SÜNDEN

Der Beitrag des Fetts zur Kalorienbilanz unserer täglichen Nahrung wird aufgrund seines geringen Volumenanteils oft unterschätzt. Vorsicht also zum Beispiel bei Kuchen, Pralinen oder Schokolade – sie haben zwar wenig Volumen, sind aber dicht gepackt mit Energie.

Energiedichte und die Lust am Essen

Die Eigenschaft eines Lebensmittels, in Treibstoff für den Körper umgesetzt werden zu können, wird in Kilokalorien oder Kilojoule (1 kcal = 4,18 kJ) gemessen. Kalorien machen zunächst lebendig und munter. Was durch die tägliche Aktivität nicht verbraucht wird, wird als Fettpolster gespeichert – als Reserve für Notzeiten. Dabei versorgt eine Kalorie definitionsgemäß den Körper immer mit der gleichen Energiemenge, unabhängig davon, ob sie aus Fett, Eiweiß oder Kohlenhydraten stammt.

Entscheidend ist also die Kalorienmenge, nicht die Art der Kalorien. Und dabei verschätzen sich viele. Die meisten Menschen denken beim Essen nämlich in Mengen, nicht in Energie. Aber während ein Gramm Kohlenhydrate gerade einmal vier Kilokalorien enthält, stecken in einem Gramm Fett mehr als doppelt so viel (neun Kilokalorien).

Die Energiedichte ist die Maßeinheit für den Kaloriengehalt pro Volumen. Lebensmittel mit hoher Energiedichte sind zum Bei-

WICHTIG: SO LEICHT ENTSTEHT ÜBERGEWICHT

Ein Kilo Körperfett entspricht einem Energiegehalt von rund 7700 Kilokalorien (kcal). Wer täglich nur 100 kcal zu viel isst, nimmt jeden Tag etwa 13 Gramm zu. Und das summiert sich im Jahr auf immerhin 4,7 Kilo. Nach zehn Jahren würden Sie so ganze 47 Kilo mehr wiegen als heute. Die 100 kcal sind ziemlich schnell vernascht. Sie stecken beispielsweise in einem Schokoriegel, 15 Gummibärchen, einem Glas Glühwein, Eistee, Apfelsaft oder Bier beziehungsweise einem Becher Fruchtjoghurt. Um umgekehrt diese 4,7 Kilo Körpermasse wieder loszuwerden, müssten Sie 36 190 kcal einsparen. Bei einem durchschnittlichen täglichen Kalorienbedarf von 2550 kcal entspräche dies einer 14-tägigen Nulldiät. Oder in Sport gerechnet 51 Stunden Joggen, 47 Stunden Radfahren beziehungsweise 126 Stunden Gehen.

spiel Fette, raffinierter Zucker und konzentrierte ballaststoffarme oder wasserarme Nahrungsmittel – also meist Produkte, bei denen Sie wenig kauen müssen. Die Energiedichte bestimmt auch, wie viel gegessen wird. Untersuchungen an der Universität von Pennsylvania haben gezeigt, dass nicht der Fettgehalt, sondern die Energiedichte die Menge der aufgenommenen Nahrung beeinflusst. Veringerten die Wissenschaftler den Fettgehalt, wurde die Nahrungsaufnahme nicht reduziert. Erst als die Energiedichte gesenkt wurde, aßen die Testpersonen weniger. Leider lässt sich die Energiedichte jedoch nicht schmecken. So enthält beispielsweise eine durchschnittliche 100-Gramm-Tafel Schokolade rund 40 Prozent Kohlenhydrate und 50 Prozent Fett. In Kalorien bedeutet das: Die Kohlenhydrate liefern 160 Kalorien, das Fett dagegen 450. Lesen Sie daher unbedingt die Packungsaufschrift oder informieren Sie sich anhand einer Kalorien- oder Fetttabelle, welche Nährstoffe (und somit Kalorien) ein Lebensmittel enthält.

Dass gerade die energiereiche Kombination aus süß und fett so viel Wohlbefinden auslöst, führen Forscher übrigens auf die Muttermilch zurück: Auch sie schmeckt süß und sahnig und setzt beim Säugling – was biologisch äußerst sinnvoll ist – Wohlfühlbotenstoffe im Gehirn frei. Und dieser Mechanismus funktioniert bei Erwachsenen noch immer.

ENERGIE SPAREN

Wer Kalorien einsparen will, sollte zu Lebensmitteln mit niedriger Energiedichte greifen, wie zum Beispiel zu Gemüse, Salat oder grob geschrotetem Getreide.

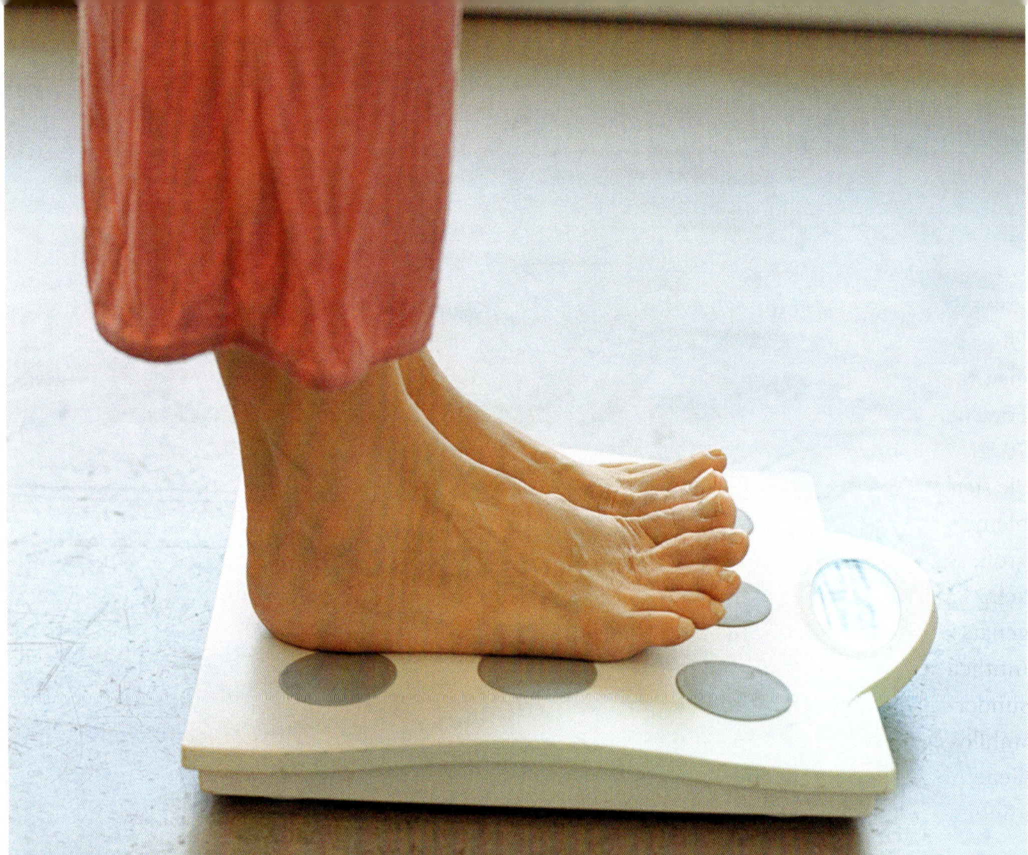

Wie kommt es zu Übergewicht?

Kennen Sie auch ein paar jener beneidenswerten Geschöpfe, die scheinbar endlos essen können, ohne auch nur ein Gramm zuzunehmen? Die nicht einmal sportlich sind und für die Kalorienzählen trotzdem ein Fremdwort ist? Was ist da los? Haben all diese Frauen ein Diätgeheimnis entdeckt, das nur Ihnen bisher verborgen geblieben ist? Sind sie disziplinierter als Sie? Oder kasteien sie sich im Geheimen? Keinesfalls! Sie wurden von der Natur nur mit speziellen Genen ausgestattet, die sie schlank halten.

Rund 20 bis 30 Gene steuern das Körpergewicht eines Menschen: Sie legen fest, wie ökonomisch die Nahrungsenergie verwertet wird. Jeder Mensch hat also seine ganz persönliche Art, mit den Kalorien umzugehen: Beim einen wandert jeder noch so winzige Überschuss sofort in die Fettpolster, beim anderen wird die Energie unverzüglich verbrannt.

Forscher sind heute der Meinung, dass Übergewicht zu rund 70 Prozent durch die genetischen Anlagen bestimmt ist. Sehen Sie sich also Ihre Vorfahren an: Hatten diese immer Gewichtsprobleme oder waren gar übergewichtig, ist die Wahrscheinlichkeit groß, dass auch in Ihnen solche Gene ruhen. Doch Gene sind kein Schicksal: In diesem Buch lernen Sie die Gewichtsfallen genau kennen, wodurch Sie sie in Zukunft meiden können. Vermutlich ernähren Sie sich dadurch auch viel bewusster und gesünder als ein Mensch, der hemmungslos (und damit leicht wahllos) isst, was ihm schmeckt. Akzeptieren Sie aber auch Ihre Gene und grämen Sie sich nicht um ein paar Pfunde zu viel. Sie können trotzdem super aussehen und viel Spaß am Leben haben.

Positive Energiebilanz als Dickmacher

Jeder Übergewichtige hat im Verhältnis zu seinem individuellen Kalorienbedarf irgendwann zu viel Energie aufgenommen und diesen Überschuss als Körperfett abgelagert. Die Wissenschaft spricht in diesem Fall von einer positiven Energiebilanz. Diese kommt zum einen durch eine erhöhte Energiezufuhr, also zu viel Kalorien, zustande, zum anderen durch verminderte Energieabgabe, also zu wenig Bewegung. Und diese beiden Faktoren sind gerade für die Lebensmitte typisch.

Doch es gibt es noch einen weiteren Mechanismus: Bei manchen Übergewichtigen wird zu wenig Energie »abgefackelt«. Während ein Teil der Nahrungsenergie für zahlreiche Stoffwechselprozesse wie beispielsweise für Wachstum, Gewebereparatur, Verdauung, Aufrechterhaltung der Körpertemperatur und körperliche Aktivität benötigt wird, verpufft vereinfacht ausgedrückt ein Teil der Energie als Wärme, vor allem nach einer Mahlzeit. Man nennt dies die postprandiale Thermogenese.

WAS BESTIMMT DEN KALORIENUMSATZ?

Der so genannte Ruhenüchternumsatz, also der Energieverbrauch in Ruhe, und die postprandiale Thermogenese sind die mengenmäßig bedeutendsten Komponenten des Energieumsatzes. Sie machen 60 bis 65 Prozent (Ruhenüchternumsatz) bzw. 10 bis 15 Prozent (postprandiale Thermogenese) des Tagesenergieumsatzes eines Erwachsenen mit leichter Aktivität aus – insgesamt 70 bis 80 Prozent.

Untersuchungen haben gezeigt, dass übergewichtige Menschen im Vergleich zu Normalgewichtigen häufiger eine geringere Wärmeabgabe nach dem Essen haben. Während bei Übergewichtigen in sechs Stunden oft nur 35 bis 60 Kalorien freigesetzt werden, sind es bei Normalgewichtigen 70 bis 85 Kalorien. Manche Dicke sind also tatsächlich die besseren Futterverwerter und benötigen im Schnitt etwa 250 Kalorien pro Tag weniger als vergleichbare Personen mit normalem Energieumsatz.

Essen für die Seele

Oft ist es aber gar nicht so sehr der körperliche Hunger, der das Abnehmen erschwert, sondern die Seele. Viele Verhaltensmuster haben sich tief in unser Unterbewusstsein eingegraben und arbeiten wie kleine Saboteure gegen die persönlichen Diätpläne. Die haufigsten solcher Verhaltensmuster:

- Schon in der Kindheit wurde ein falsches Essverhalten eingeübt, zum Beispiel weil Sie den Teller immer leer essen mussten.
- Manche Mollige trennen sich nicht so gern von ihren überflüssigen Pfunden. Dicksein hat nämlich auch Vorteile. Wer sich ein ordentliches Polster zugelegt hat, kann so einiges abpuffern und unangenehmen Konflikten ausweichen. Die Pfunde sind eine Art Schutzpanzer. Hier sollten Sie – gegebenenfalls mit therapeutischer Hilfe – Ihr Selbstbild überprüfen und entsprechend revidieren.
- Übergewichtige quälen sich oft mit dem Selbstvorwurf mangelnder Disziplin: Sie wissen, was sie dick macht, und können dennoch nicht die Finger davon lassen. Doch zeigt sich hier keineswegs ein Mangel an Charakterstärke, die Gewohnheiten sind nur sehr tief im Verhalten verankert. Wenn Sie das lang praktizierte Verhalten ändern wollen, müssen Sie daher regelrecht neue Muster einüben.

DER BODY-MASS-INDEX

Zur Berechnung des Normalgewichts gibt es verschiedene Formeln und Richtlinien. Als besonders praktikabel erwies sich die Berechnung des Body-Mass-Index (abgekürzt BMI), der sich wie folgt definiert:

$$\text{BMI} = \frac{\text{Körpergewicht in kg}}{\text{Quadrat der Körperlänge in Metern}}$$

Für das Alter von 19 bis 24 Jahren wird ein BMI von 19 bis 24 empfohlen. Dieser Wert sollte alle zehn Jahre um nicht mehr als eine Einheit steigen. Bei einem BMI von 24 bis 29 bei Frauen, von 25 bis 30 bei Männern spricht man von leichtem Übergewicht. Liegt der Wert noch höher, haben Sie starkes Übergewicht.

> Wer abnehmen will, sollte sich zu guter Letzt darüber klar sein, dass er nicht nur gegen die eigene Erziehung und jahrzehntelang eingeübtes Verhalten ankämpft, sondern auch noch gegen ein mächtiges genetisches Erbe.

Überlegen Sie nun, ob Sie beim Abnehmen immer wieder über Ihre Verhaltensmuster stolpern. Reden Sie mit einer guten Freundin darüber, oft erkennen Außenstehende Eingefahrenes besser. Versuchen Sie bewusst, Ihre figurfeindlichen Muster abzulegen und so zu einem neuen Essverhalten zu finden.

Stress macht dick

Jeder hat den Zustand Stress schon mal erlebt. Wenn wir eine große körperliche oder geistige Herausforderung bewältigen müssen, sind wir plötzlich hellwach und haben offensichtlich unendlich Energie. Der Grund: Stresshormone bringen uns energetisch auf die Überholspur, der Körper mobilisiert all seine Reserven, um mit der Herausforderung fertig zu werden. Ein sinnvoller Überlebensmechanismus, den uns die Evolution da mitgegeben hat. Doch während kurzfristige Stresszustände nicht schaden, kann langfristiger Stress richtig krank machen und sich in Zivilisationskrankheiten wie Herzinfarkt, Diabetes oder Bluthochdruck äußern.

Eher übersehen wird dabei, dass Stress auch dick machen kann. Lang dauernde Stresszustände begünstigen die Fetteinlagerung am Bauch und an den Hüften – so eine neue Erkenntnis der Stoffwechselphysiologen. Dieses so genannte »Stressfett« stellt die Energie bereit, um in Stressphasen entweder zu kämpfen oder die Flucht zu ergreifen. Zu viel Stressfett ist aber gefährlich, vor allem wenn es wie bei der heutigen Lebensweise nicht verbraucht wird. Vor allem bei Frauen erhöhen die Fettpolster das Risiko für Herzkrankheiten, Bluthochdruck, einen zu hohen Cholesterinspiegel, Schlaganfall, Diabetes und Krebs.

KRANK DURCH DAUERSTRESS

Das Stresshormon Cortisol, das permanent in Höchstmengen im Körper herumkreist, hat auch Auswirkungen auf das Immunsystem, auf Muskeln und Knochen. So steigt beispielsweise das Infektionsrisiko, die Muskelmasse nimmt ab, und die Knochendichte verringert sich (höheres Osteoporoserisiko). Erinnerungsvermögen und Lernfähigkeit leiden, der Schlaf verschlechtert sich, und das Risiko für einen Herzinfarkt steigt.

Was passiert bei Stress?

Bei Stress schütten die Nebennieren das Hormon Adrenalin aus, das Gefahr und erhöhten Energieverbrauch signalisiert. Das Blut wird mit Fett und Zucker überflutet und somit energetisch aufgeladen. Diese Botschaft kommt auch in der Hirnanhangsdrüse, der obersten Schaltzentrale für die Hormone, an. Sie schaltet nun den Stoffwechsel auf Spargang, um kostbare Energie zu sparen. Weniger Nahrung wird verbrannt, der Stoffwechsel gedämpft.

Unser Körper weiß jedoch nicht, dass heutzutage nur noch selten körperliche Kraftakte gegen Gefahr erforderlich sind, für die er Energie bereitstellen müsste. Bei Dauerstress entsteht so eine ungünstige Situation: Der Zuckerüberschuss im Blut wird immer wieder rasch abgebaut, was Hungergefühle auslöst. Das Gehirn propagiert weiterhin schlechte Futterverwertung. Die Folge: Hunger und Übergewicht. Dem übergewichtigen Dauergestressten hat also nicht der eigene Wille, sondern ein Muster aus der Vergangenheit ein Schnippchen geschlagen.

Denn das Hormon der Hirnanhangsdrüse, das so genannte Corticosteron (ACTH = Adrenocorticotropes Hormon), funktioniert wie eine innere Alarmanlage und ruft weitere Stresshormone auf den Plan: Adrenalin, Noradrenalin und Cortisol. Während Adrenalin munter macht, stimuliert das Cortisol die Freisetzung von Zucker ins Blut. Damit läuft der Organismus zur Höchstform auf. Doch die Hormone mobilisieren auch das energiereiche Fett im Körper (vor allem jenes, das in der Nähe der Leber gespeichert wird), Kraft steht für den Kampf bereit.

Wenn die Reaktion auf Stress abgeklungen ist, kehrt der Körper in ein Gleichgewicht zurück. Nicht nur die Hormonspeicher müssen in dieser Ruhephase wieder aufgefüllt, auch die Brennstoffdepots müssen neu betankt werden. Cortisol löst jetzt Appetit aus und macht heißhungrig. Wenn Sie sich an Ihre letzte Stressattacke zurückerinnern, werden Sie feststellen, dass Sie sich nicht etwa nach Gemüse und Fisch sehnten, sondern nach Eiscreme, Schokolade oder Keksen. Diese Nahrungsmittel stellen nämlich genau das zur Verfügung, was Ihr Körper verbraucht hat oder verbraucht haben sollte: Kohlenhydrate und Fett.

FIT ODER FETT?

Magere Körpermasse wiegt wesentlich mehr als Fett. Muskeln bestehen zu 80 Prozent aus Wasser, Fettgewebe dagegen nur zu 5 bis 10 Prozent. Muskeln wiegen daher rund achtmal mehr als die entsprechende Menge Fett. Fett ist jedoch voluminöser: 10 Kilo haben eine Masse von etwa 8 Litern. Sie können also optisch schlanker werden und trotzdem zunehmen – wenn Sie durch Sport Fett in Muskeln umwandeln.

Figurfalle Dauerstress

Früher waren die meisten Stressfaktoren körperlicher Natur (zum Beispiel bei Kämpfen) und erforderten eine entsprechende körperliche Reaktion. Die bereitgestellte Energie wurde dabei aufgezehrt. Heute ist das nicht mehr so – obwohl unser Körper noch immer entsprechend Energie bereitstellt. Allerdings erkennt das der Organismus nicht. Das biologische System, das die Brennstoffvorräte verbrauchte und wieder auffüllte, war zwar unserer früheren Lebensweise perfekt angepasst. Heute wird es jedoch zu einer tückischen Gewichtsfalle. Denn obwohl wir in der Stresssituation keine Energie verbrauchen, führen wir dem Körper in Form von Nahrung neue zu.

Besonders gefährlich für das Gewicht ist Dauerstress, bedeutet er doch Dauerhunger ohne Energieverbrauch. Ein durch Stress chronisch erhöhter Cortisolspiegel regt die Fettzellen an, ständig mehr Fett zu speichern. Dies führt dann zu einer Vermehrung des Bauchfetts mit letztlich gefährlichem Übergewicht. Dauerstress hat überdies Einfluss auf unser Ernährungsverhalten: Das gleichmäßige Hungergefühl geht verloren. Wir pendeln zwischen Überessen und wenig Essen. Je nach Typ ist das eine oder andere Verhalten ausgeprägter (und Sie sind dann ein Stressviel- oder -wenigesser).

In Zeiten von chronischem Stress steigt überdies der Insulinspiegel (Insulin ist das Hormon der Bauchspeicheldrüse, siehe auch Seite 33) an. In Kombination mit hohen Cortisolmengen fördert dies zusätzlich die Speicherung von Fett beziehungsweise hemmt es dessen Abbau. Dies ist auch einer der Hauptgründe dafür, dass es in Phasen chronischen Stresses mit der Traumfigur nicht klappen kann. Je länger die Fettzellen hohen Cortisolmengen ausgesetzt sind, desto empfindlicher reagieren sie auf Stresshormone, und desto mehr neigen sie auch zur Vermehrung. Folge: Die Fettpolster werden immer gewaltiger.

DER TAKT DER STRESSHORMONE

Normalerweise kreist immer eine gewisse Menge an Stresshormonen im Körper. Sie erreichen ihren Gipfel zwischen 6 und 8 Uhr morgens. Im Verlauf des Vormittags fällt ihr Anteil wieder ab, und am späten Abend ist der Tiefststand erreicht. Gegen 2 Uhr nachts beginnt langsam wieder der Anstieg der Stresshormone, gegen 6 Uhr ist dann erneut der Höchstzustand erreicht. Stresshormone passen Körper und Seele den Anforderungen des Alltags an und schützen vor Überlastung. Erst ein permanentes Zuviel schadet.

Die Sache mit den Hormonen

Neben den bereits genannten Faktoren kommt auch unseren Hormonen eine wichtige Rolle in puncto Körpergewicht zu. Insbesondere zwei Hormongruppen sind für eine gute Figur zuständig: die Sexualhormone und die Schilddrüsenhormone.

Von den Sexualhormonen bewirken vor allem die Östrogene die typisch weibliche Figur: Sie formen Busen, Oberschenkel, Bauch und Po, verschlanken die Taille und machen die Haut glatt und samtig. Ein hoher Östrogenspiegel wirkt überdies wie eine Appetitbremse. Jede Frau kann das allmonatlich beobachten: In der ersten Zyklushälfte, während der Einfluss der Östrogene dominiert, ist der Appetit geringer als in der zweiten Hälfte, wenn die Wirkung appetitstimulierender Gelbkörperhormone (Gestagene; wichtigstes Hormon dieser Gruppe: Progesteron) hinzukommt.

Ein weiteres Sexualhormon ist das Dehydroepiandrosteron, kurz DHEA. Es ist ein Zwischenprodukt bei der Synthese der männlichen und weiblichen Geschlechtshormone, gleichzeitig aber auch ein wichtiger Hüter der schlanken Linie. DHEA verhindert nämlich, dass dem Körper zugeführte Kalorien als Depotfett abgespeichert werden. Überschüssige Energie wird als Wärme abgegeben. DHEA ist ein starker Hemmstoff eines Enzyms, das an der Speicherung von überschüssigen Fetten, Kohlenhydraten und bestimmten Aminosäuren als Depotfett beteiligt ist. Dieser Stoffwechselweg erlaubt es dem Körper, aus dem Zuviel an Nahrung ein Vorratslager anzulegen: die unerwünschten Fettpolster. DHEA entscheidet dabei, ob überschüssige Kalorien als Wärme verheizt werden oder in die Depots wandern. Der Unterschied in der Energiebilanz kann bis zu 30 Prozent betragen. Da die DHEA-Spiegel mit fortschreitendem Lebensalter sinken, bilden sich im Lauf der Jahre auch leichter Fettdepots.

WEIBLICHKEIT UND GEWICHT

Der veränderte Hormonhaushalt ab der Lebensmitte ist durchaus ein sinnvoller Mechanismus der Natur: Zum einen erlaubt er uns, mit weniger Nahrung auszukommen, wenn wir älter werden und möglicherweise nicht mehr so gut für uns selbst sorgen können. Zum anderen entsteht dadurch ein Vorrat an Körperfett, das selbst nun in geringen Mengen weibliche Hormone produziert, die von den Eierstöcken nicht mehr in dem Umfang wie früher hergestellt werden können. Der Hormonspiegel sinkt also bei Frauen, die über ein paar Fettpolster verfügen, sanfter als bei einer asketisch auf dünn getrimmten Figur. Versöhnen Sie sich daher mit ein paar Pfund mehr auf den Rippen, Sie gewinnen dadurch an weiblicher Ausstrahlung.

Eine kleine Drüse im Hals, die Schilddrüse, produziert lebenswichtige Hormone, die unter anderem das Stoffwechselfeuer regulieren: Schilddrüsenhormone sorgen dafür, dass die Nahrung optimal verdaut wird und dass Schlackenstoffe sowie überschüssiges Wasser ausgeschieden werden – zwei Faktoren, die großen Einfluss auf das Gewicht haben.

Die Schilddrüse ist ein Motor, der den ganzen Organismus auf Trab bringt und zahlreiche Stoffwechselprozesse reguliert. Wenn sie richtig arbeitet, fühlen wir uns fit und leistungsfähig, haben gute Laune, sind seelisch ausgeglichen und freuen uns über eine gute Figur und glatte Haut. Die Schilddrüse ist aber auch ein sehr empfindliches Organ, das leicht aus dem Takt geraten kann. Und das hat natürlich Folgen für den Organismus.

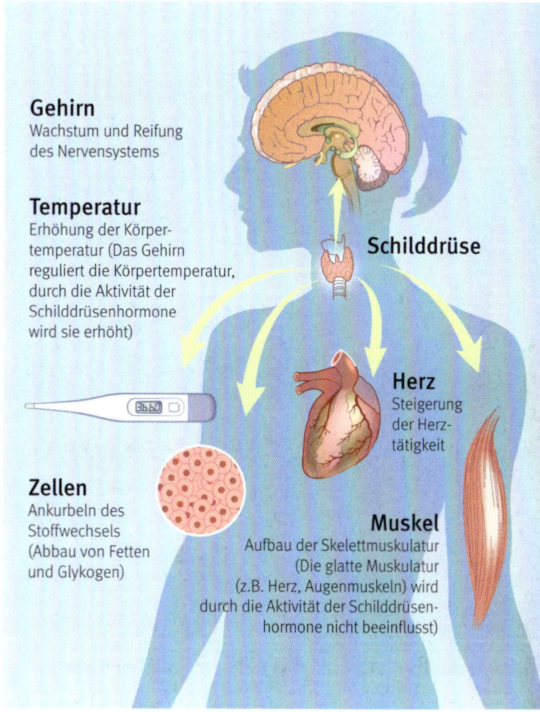

Eine kleine Drüse mit großer Wirkung: Die Schilddrüse beeinflusst sämtliche Stoffwechselvorgänge im Körper.

Veränderungen in der Lebensmitte

Mit den Wechseljahren verändert sich der Hormonhaushalt: Zunächst sinken die Gestagene ab; es kommt vorübergehend zu einem Östrogenüberschuss. Dieser führt dazu, dass sich die Fettzellen des Unterhautfettgewebes prall füllen und beträchtlich vergrößern können. Das Fatale daran: Die fehlenden Gestagene – normalerweise schützend für die strukturbildenden Kollagenfasern in der Haut – lassen diese jetzt schlaff und faltig werden. So entstehen wabbelige Fettansammlungen, insbesondere an Po, Bauch, Oberschenkeln und Oberarmen. Lässt nun auch noch die Östrogenproduktion nach, steigt der Appetit – das Gewichtsproblem verstärkt sich weiter. Die Schilddrüsenhormone geraten mit den Jahren ebenfalls in ein Ungleichgewicht. Meist kommt es zu einer Unterfunktion; das Stoffwechseltempo verringert sich um 10 bis 15 Prozent. Wenn Sie Ihre Figur bis ins hohe Alter erhalten möchten, müssen Sie über diese Veränderungen Bescheid wissen und sie in Ihrem Leben berücksichtigen (siehe auch ab Seite 40).

Bauchfett – eine gesundheitliche Problemzone

Modische Hüfthosen, knappe Tops und enge Pullis bringen ihn gnadenlos zur Geltung: den dicken Bauch. Jenseits der 40 wird diese Körperpartie für viele Frauen zur Problemzone Nummer eins – selbst wenn sie sonst kaum Gewichtsprobleme haben. Noch dazu erweisen sich Fettpolster am Bauch oft als erstaunlich diätresistent. Dabei sind sie jedoch weit mehr als ein optisches Problem. Untersuchungen haben belegt, dass sie eine ernsthafte Gesundheitsgefahr darstellen.

Gutes und schlechtes Bauchfett

Als Bauch bezeichnet man den Bereich zwischen Zwerchfell und Becken. Diese Partie wird vorrangig durch die Muskeln an der Körpervorderseite, am Rücken und am Po zusammengehalten – den größten zusammenhängenden Muskelsträngen im Körper. Sind diese Muskeln gut trainiert, steigern sie den Grundumsatz und somit den Energieverbrauch des Körpers ganz entscheidend. Bauchfett kann sich vor oder hinter den Bauchmuskeln anlagern. Und genau darin liegt der Unterschied, ob der dicke Bauch »nur« ein Schönheitsproblem oder auch ein Gesundheitsrisiko ist:

- Lagert sich das Fett direkt unter der Haut ab und verdeckt vorhandene Bauchmuskeln, ist es bis zu einem gewissen Grad gesundheitlich unbedenklich. Die Hüftringe entstehen hauptsächlich durch eine zu kalorienhaltige Ernährung (auch wenn diese an sich aus gesunden Lebensmitteln besteht).
- Fett dagegen, das sich im Inneren des Bauches ablagert und innere Organe wie Leber, Darm, Bauchspeicheldrüse, Nieren oder die Hauptschlagadern umgibt, wird als Eingeweidefett oder viszerales Fettgewebe bezeichnet. Es ist höchst stoffwechselaktiv und damit gesundheitsgefährlich. Denn aus diesem Fett können rasch Fettsäuren ins Blut wandern, das dann dickflüssiger wird. Darüber hinaus produziert diese Art des Bauchfetts jede Menge Hormone, die die Gefahr von entzündlichen und verschleißfördernden Prozessen erhöhen und langfristig den ganzen Stoffwechsel durcheinander bringen können. Viszerales Fett bildet sich hauptsächlich durch Ernährungsfehler, insbesondere durch erhöhten Konsum einfacher Zucker und tierischer Fette sowie durch Bewegungsmangel.

Sehen Sie sich also Ihren Bauch genau an: Tragen Sie einfach eine mehr oder weniger große, weiche Fettansammlung mit sich herum, handelt es sich höchstwahrscheinlich um den eher harmlosen Fettbauch. Können Sie dagegen noch Muskeln beziehungsweise deren Konturen erkennen oder erspüren, liegt das gefährliche Eingeweidefett vor. Greifen Sie dann zum Maßband und messen Sie Ihren Bauchumfang. Je größer dieser ist, desto gefährlicher ist es (siehe nächste Seite).

EIN DICKER BAUCH MACHT KRANK

Fettansammlungen im Bauchraum sind nicht nur ein kosmetisches Problem, sondern stellen eine ernsthafte Gefahr für Ihre Gesundheit dar. Folgende Krankheiten können durch zu viel Bauchfett begünstigt werden:
Bluthochdruck, Typ-2-Diabetes, Herzinfarkt, Schlaganfall, Thrombose, vorzeitiger Gelenkverschleiß, Depressionen, Fettstoffwechselstörungen, erhöhtes Tumorrisiko, Schlafapnoe-Syndrom.

Wann ist der Bauch zu dick?

Forscher sind sich heute einig: Die Größe des Bauchumfangs sagt weit mehr über gesundheitliche Risiken aus als der Body-Mass-Index oder das Körpergewicht. Gerade Menschen mit nur geringem Übergewicht sollten genau prüfen, wo Ihre Fettpolster sitzen. Hat sich der Speck vermehrt am Bauch angesammelt, sollten Sie unbedingt Maß nehmen: Legen Sie dazu im Stehen ein Maßband an der dicksten Stelle des Bauches an – genau in der Mitte zwischen unterem Rippenbogen und Becken. Führen Sie das Maßband in gerader Linie um den Bauch. Und: Messen Sie als Frau am besten in der ersten Zyklushälfte, da vor der Periode oft Wasser im Bauch eingelagert wird, was das Ergebnis verfälscht.

Der Bauchfett-Check-up

Ab einem Bauchumfang von mehr als 80 beziehungsweise 94 Zentimetern (siehe Tabelle) sollten Sie etwas unternehmen. Sie verbessern dadurch nicht nur Ihr Aussehen, sondern auch ganz entscheidend Ihre Gesundheit.
Wenn Sie sich umfangmäßig bereits im Risikobereich befinden, sollten Sie sofort mit einem Anti-Bauchfett-Programm beginnen. Sie sind (noch) im grünen Bereich? Dann sorgen Sie dafür, dass es so bleibt. Das 40+-Lifestyle-Konzept wird Ihnen dabei helfen. Orientieren Sie sich dazu an dem folgenden Bauch-Check-up:

Schadet Ihr Bauch Ihrer Gesundheit?

So hoch ist Ihr Risiko, dass Stoffwechsel und Gefäße Schaden nehmen:

Hüftumfang	Männer	Frauen	Gesundheitsrisiko
	› 94 cm	› 80 cm	++
	› 102 cm	› 88 cm	+++
	› 106 cm	› 94 cm	++++

Erkennen Sie die Symptome

Ein dicker Bauch ist zunächst nur ärgerlich – vor allem, wenn Sie gern figurbetonte Mode tragen. Doch er sorgt auch für körperliche und seelische Beschwerden, die Sie zunächst vielleicht gar nicht mit ihm in Verbindung bringen. Erste Symptome hierfür sind beispielsweise Energiemangel, Erschöpfung oder Stimmungsschwankungen. Wenn Sie diese oder ähnliche Symptome über längere Zeit an sich beobachten und einen Bauch(ansatz) haben, sollten Sie sich von einem Arzt untersuchen lassen. Möglicherweise steckt hinter Ihren Beschwerden eine Krankheit wie zum Beispiel Hormonstörungen, eine Schilddrüsenfehlfunktion oder gar ein erbliches Stoffwechselleiden.

Entlarven Sie Risikofaktoren

Eine ungesunde Fettansammlung am Bauch verdankt ihr Entstehen im Wesentlichen folgenden Ursachen:

- Frauen setzen durch das Absinken der Hormone während der Wechseljahre leichter Fett am Bauch an und verlieren es schwerer wieder. Eine Abhilfe, etwa durch Hormonpräparate, sollte dennoch gut erwogen werden und nur nach Rücksprache mit dem Arzt erfolgen.
- Bewegungsmangel fördert den Prozess der Fetteinlagerung im Bauch. Dagegen können Sie jedoch leicht etwas tun: Selbst 60-Jährige können sich noch einen schlanken Bauch antrainieren.
- Kohlenhydratreiche Lebensmittel, insbesondere Weißmehlprodukte und stark Gesüßtes, locken das Insulin, das nicht nur den Blutzucker wieder in normale Bereiche bringt, sondern gleichzeitig die Fettverbrennung hemmt und die Fettspeicherung fördert – vor allem im Bauch. Wer zusätzlich reichlich tierische Fette konsumiert, fördert diesen Prozess weiter.

Drehscheibe Bauchspeicheldrüse

Eines der wichtigsten Hormone im Körper ist das Insulin, das in der Bauchspeicheldrüse gebildet wird – einem Organ, das eine wichtige Rolle bei der Verdauung spielt und zudem die Blutzuckerregulation steuert. Schließlich ist Insulin das einzige körpereigene Hormon, das den Blutzucker senken kann. Dagegen gibt es eine Reihe von Hormonen, die den Blutzuckerspiegel erhöhen, zum Beispiel Glukagon, Adrenalin, Wachstumshormone und Glukokortikoide. Fällt Insulin aus oder wirkt es nicht mehr richtig, hat dies dramatische Folgen für das persönliche Wohlbefinden und für das Körpergewicht. In schlimmsten Fall entsteht das Krankheitsbild des Diabetes. Doch schon vor dem Extremfall machen sich Störungen im Insulinhaushalt unangenehm bemerkbar. Denn das Hormon spielt eine zentrale Rolle im Energiehaushalt.

RAN AN DEN SPECK

Wenn Ihnen das Abnehmen trotz aller Bemühungen einfach nicht gelingen will, könnte der dicke Bauch schuld daran sein. Zu viel Fett im Bauch produziert nämlich ein Hormonchaos, das den Stoffwechsel des Körpers empfindlich stört und alle Diätbemühungen nahezu wirkungslos macht. Arbeiten Sie an den Ursachen und gehen Sie mit Gymnastik erst einmal gezielt gegen das Bauchfett an. Dann klappt es auch mit dem Abnehmen.

Ernährungssünden, die schwer wiegen

Nach einer Mahlzeit gelangt verstärkt Zucker ins Blut, zum Beispiel als Abbauprodukt von Kohlenhydraten. Damit diese Nährstoffe dem Körper auch tatsächlich Energie liefern, müssen sie aus dem Blut in die Zelle gelangen, und dafür ist das Hormon Insulin zuständig. Es verfrachtet den Zucker in die Zellen, wo er energiebringend verbrannt wird. Ist die Arbeit getan, sinkt der Insulinspiegel wieder. Doch Insulin bewirkt noch mehr: Es sorgt auch dafür, dass freie Fettsäuren in die Zelle transportiert und in Depotfett überführt werden. Gleichzeitig hemmt es die Fettverbrennung und fördert in gewissem Umfang die Eiweißsynthese. Insulin hilft dem Körper also, Energie zu verwerten und Reserven für Notzeiten aufzubauen. Erst bei einer zu kohlenhydrathaltigen Ernährung entgleist dieses System und erzeugt Übergewicht.

Wer dauerhaft schlank und gesund bleiben möchte, sollte also unbedingt das Insulin im Visier behalten. Denn zu viel Insulin im Blut scheint eine der Hauptursachen für Übergewicht und Bauchfett sowie sich daraus ergebende Folgeerkrankungen zu sein, beispielsweise Diabetes, Fettstoffwechselstörungen, Herzinfarkt oder Schlaganfall.

Damit Nahrungsenergie im Zellkern verbrannt werden kann, setzt die Bauchspeicheldrüse Insulin frei, das die Zelle »aufschließt«.

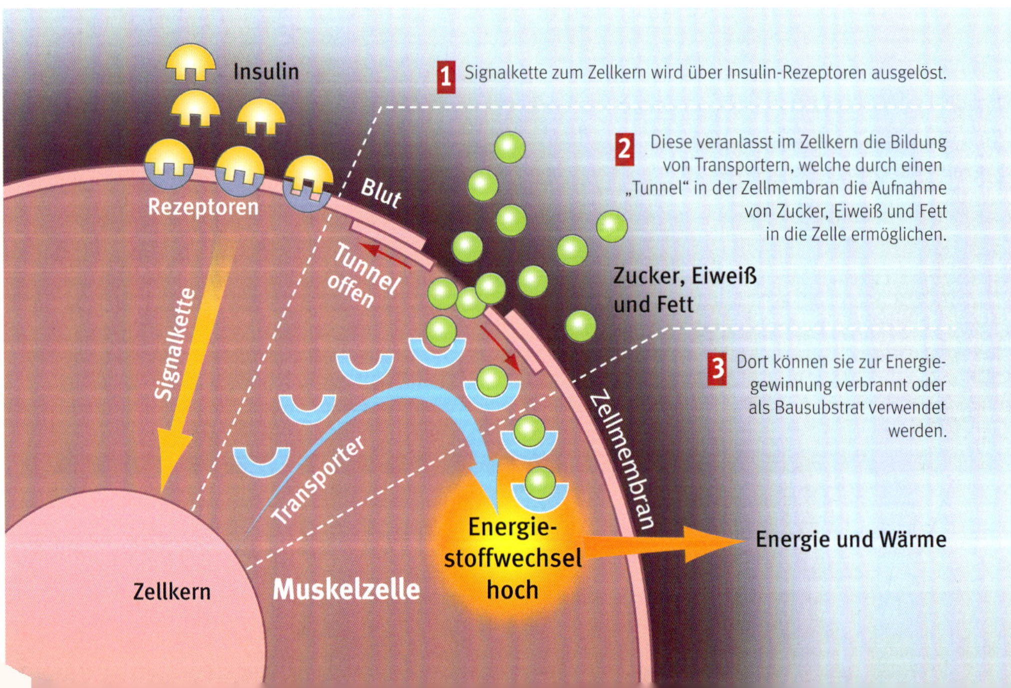

Zur Falle wird das biologisch sinnvolle Insulin-Szenario durch drei Ernährungsfehler: zu süß, zu fett, zu reich an Süßstoffen.

> Turbozucker: Je leichter der in einem Lebensmittel enthaltene Zucker ins Blut wandert, desto rascher und stärker steigt der Insulinspiegel an. Als Maß hierfür dient der so genannte glykämische Index (GLYX), der angibt, wie rasch und wie stark der Blutzuckerspiegel nach Genuss eines bestimmten Produktes in die Höhe wandert (siehe auch Seite 99 f.). Wer zu reichlich und zu oft Nahrungsmittel mit hohem GLYX zu sich nimmt, hat ständig einen erhöhten Insulinspiegel – die Fettpolster wachsen. Dazu kommt, dass durch das hohe Insulinangebot der Blutzuckerspiegel so rasch sinkt, dass sich schon bald wieder Süßhunger einstellt.

> Zu viel Fett: Wenn Sie zudem reichlich Fett zu sich nehmen, legt das Insulin neben dem Zucker auch dieses in den Depots an.

> Süßstoff: Die künstliche Süße spart zwar Kalorien, doch Fettpolster schmelzen durch sie nicht. Im Gegenteil: Weil die Zunge süßen Geschmack wahrnimmt, erteilt das Gehirn an die Bauchspeicheldrüse den Befehl, Insulin auszuschütten. Denn es kann nicht zwischen Zucker- und Süßstoff-Süße unterscheiden. Es kreist unnötigerweise Insulin im Blut, das die Fettverbrennung blockiert.

Gerät das Insulinsystem aus dem Gleichgewicht, werden die Zellen resistent gegen das Hormon. Das Gewichtsproblem wächst.

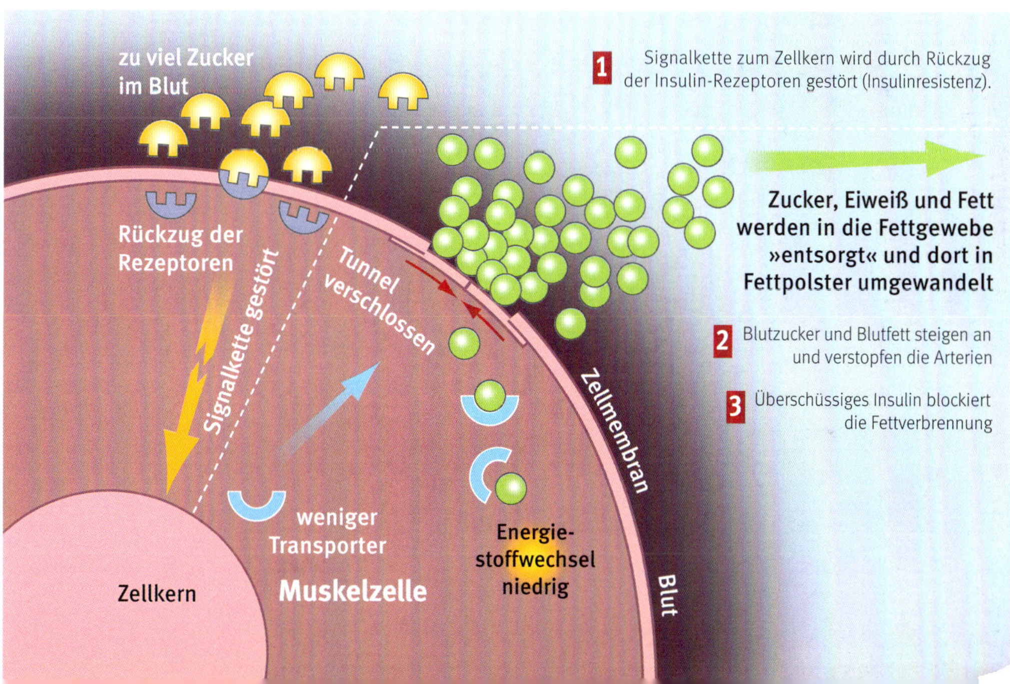

Die 10 häufigsten Gewichtsfallen und was dagegen hilft

1 Ernährungsfehler (insbesondere zu viel Fett und leere Kohlenhydrate)

› Greifen Sie möglichst oft zu Obst, Gemüse und Vollkornprodukten.

› Achten Sie auf versteckte Fette, zum Beispiel in Wurst, Käse, Kuchen und Fertigprodukten.

› Gewöhnen Sie sich Fett sparende Zubereitungsmethoden an, zum Beispiel Garen im Wok, in beschichteten Pfannen oder im Römertopf. Vermeiden Sie Panieren, Frittieren und fettige Dressings.

› Verbannen Sie leere Kohlenhydrate wie Zucker, Süßigkeiten, Weißbrot oder Kuchen weitgehend von Ihrem Speiseplan. Achten Sie auch auf versteckten Zucker in Fertigprodukten.

› Kaufen Sie bewusst ein (Angaben auf der Packung lesen!), und ändern Sie dick machende Ernährungsgewohnheiten.

› Meiden Sie industriell stark bearbeitete Nahrungsmittel; sie schalten die natürlichen Sättigungsmechanismen aus.

› Verwenden Sie nicht zu viel Süßstoffe. Sie gaukeln dem Gehirn vor, dass Zuckerhaltiges aufgenommen wurde. Der Korper reagiert entsprechend und senkt den Blutzuckerspiegel, was wiederum (Heiß-)Hunger auslöst.

2 Zu hoher Alkoholkonsum

› Trinken Sie nur gelegentlich und zu Genusszwecken Bier oder Wein, nicht zum Durstlöschen.

› Meiden Sie Hochprozentiges.

3 Häufige Diäten (»Jo-Jo-Effekt«)

› Stellen Sie Ihre Ernährung langfristig auf eine ausgewogene vollwertige Mischkost um.

› Verbannen Sie Diät- und »Light«-Produkte weitgehend aus Ihrer Küche, denn Heißhunger und übermäßiges Essen sind meist die Folge.

› Achten Sie auf Ihr natürliches Sättigungsempfinden.

4 Unkontrolliertes Essen oder Essen als Ersatzbefriedigung

› Überprüfen Sie, ob Sie aus Zeitmangel, Unachtsamkeit oder Hektik im Berufsalltag planlos zu viele Kalorien zu sich nehmen.

› Stellen Sie sich für jeden Tag einen Ernährungsplan zusammen, der Ihrem tatsächlichen Kalorienbedarf entspricht.

› Achten Sie darauf, bei welchen Stimmungslagen Sie ohne echten Hunger essen, und überlegen Sie sich eine andere hilfreiche Beschäftigung, zum Beispiel Spazierengehen, Lesen, ein ausgiebiges Telefonat oder ein Treffen mit Freunden.

› Nehmen Sie gegebenenfalls therapeutische Hilfe in Anspruch.

5 **Bewegungsmangel**

> Bauen Sie mehr Bewegung in Ihren Alltag ein (zum Beispiel Treppe statt Lift, Fahrrad statt Auto).

> Stellen Sie sich ein Fitnessprogramm zusammen, das Sie mit Freude regelmäßig ausüben. Lassen Sie sich eventuell in einem guten Fitnessstudio beraten. Und achten Sie darauf, dass Sie sowohl Ihre Ausdauer als auch Ihre Muskeln trainieren.

6 **Zu viel Stress**

> Erlernen Sie Entspannungsmethoden sowie eine bewusste Atmung, und versuchen Sie, gelassener durch den Alltag zu gehen.

> Entwickeln Sie persönliche Strategien, um diejenigen Situationen, die für Sie mit Stress verbunden sind, möglichst zu vermeiden.

7 **Mangel an Sonnenlicht**

> Gehen Sie täglich ins Freie; zu wenig Sonnenlicht erzeugt Heißhunger auf Süßes.

> Verdunkeln Sie bei trübem Wetter Ihre Augen nicht durch eine Sonnenbrille.

> Gönnen Sie sich in der dunklen Jahreszeit hin und wieder einen Besuch im Solarium, oder schaffen Sie sich eine Tageslichtlampe für Ihr Büro an.

8 **Mangel an Zuwendung und Sex**

> Überprüfen Sie, ob Sie Defizite in sozialen Kontakten regelmäßig mit Essen kompensieren.

> Pflegen Sie soziale Kontakte und räumen Sie auch Ihrem Privatleben einen entsprechend hohen Stellenwert ein.

9 **Hormonstörungen oder Medikamentennebenwirkungen**

> Lassen Sie sich bei plötzlicher Gewichtszunahme von einem Arzt untersuchen und gegebenenfalls ein entsprechendes Präparat verordnen.

> Sprechen Sie mit Ihrem Arzt über Gewichtszunahme durch verordnete Medikamente (typisch zum Beispiel bei Psychopharmaka).

> Setzen Sie niemals eigenmächtig ein Medikament ab.

10 **Gene**

> Bei einer Veranlagung zur Gewichtszunahme sind bewusste Ernährung und regelmäßige Bewegung besonders wichtig.

> Akzeptieren Sie, dass Sie nie superdünn sein werden. Statt in endlose Diäten und Diätprodukte sollten Sie lieber in eine ausführliche Stil- und Typberatung investieren.

HORMONE – LUST- ODER DICKMACHER?

Um die 40 haben unsere Hormone Kalorienverbrauch und Appetit nicht mehr fest im Griff. Mit der richtigen Lebensweise wird das Gleichgewicht wiederhergestellt.

Nutzen Sie die Kraft Ihrer Hormone

Hormone sind etwas Wunderbares: Sie machen uns glücklich, verliebt und hellwach, modellieren eine Traumfigur und einen Superteint, geben Temperament und Ausdauer. Sie können aber auch traurig, niedergeschlagen und depressiv machen, Pickel im Gesicht und Rettungsringe am Bauch wachsen lassen. Hormone sind eben die heimlichen Regisseure unseres Lebens und ein wichtiges Kommunikationsmittel im Körper. Und sie sind bereits in kleinen Mengen hochwirksam.

Nichts läuft ohne Hormone

Normalerweise machen Hormone so richtig Lust auf das Leben und fördern alles, was zum (Über-)Leben dient: Hunger, Durst, Schlafen und körperliche Aktivität ebenso wie Ehrgeiz im Beruf, sexuelle Attraktivität und Leidenschaft.

Traummaße mit Östrogen

Sie haben es im ersten Kapitel dieses Buches bereits gelesen: Östrogene – die wohl bekanntesten Sexualhormone der Frau – machen sexy, sorgen für weibliche Proportionen und halten die Haut straff. Das klappt aber nur, wenn dieses Schönheitshormon auch in den richtigen Mengenanteilen im Körper zirkuliert. Auch wenn Sie noch nicht in den Wechseljahren sind, sollten Sie daher Ihren Östrogenspiegel fördern. Denn je stabiler Ihr Hormonhaushalt in jungen Jahren ist, desto weniger Beschwerden werden Sie später haben. Lassen Sie sich deshalb bei Unpässlichkeiten, die auf einen Östrogenmangel hinweisen, von einem kompetenten Arzt untersuchen und gegebenenfalls ein Östrogenpräparat verordnen. Gute Anlaufstellen sind der Frauenarzt, der Endokrinologe (Hormonspezialist) oder auch Anti-Aging-Mediziner.

TIPP

Sie können eine Menge tun, um östrogenmäßig topfit zu bleiben:

- Gönnen Sie sich täglich sieben Stunden Schlaf.
- Meiden Sie Nikotin und zu viel Alkohol.
- Treiben Sie mäßig, aber regelmäßig Sport.
- Genießen Sie Liebe und Leidenschaft, und bringen Sie Freude in Ihr Leben.

Östrogene und Schilddrüsenhormone

Zu Beginn der Wechseljahre sinkt der Progesteronspiegel, es kommt zu einem relativen Östrogenüberschuss. Das kann sich auf die Schilddrüse auswirken. Denn wenn die Östrogene nicht durch die Progesterone ausbalanciert werden, können sie die Wirkung der Schilddrüsenhormone blockieren, selbst wenn das kleine Organ noch normal arbeitet. Rund ein Viertel aller Frauen in den Wechseljahren hat daher eine Schilddrüsenunterfunktion. Das Problem verschlimmert sich, wenn Östrogen verordnet wird. Deshalb sollten bei einer Östrogenbestimmung auch Menge und Wirkung der Schilddrüsenhormone überprüft werden.

SYMPTOME FÜR EINEN ÖSTROGENMANGEL

- Hitzewallungen
- nächtliche Schweißausbrüche
- Scheidentrockenheit
- Stimmungsschwankungen (meist Launenhaftigkeit und depressive Verstimmungen)
- Konzentrationsstörungen, Vergesslichkeit
- Scheiden- und/oder Blaseninfektionen
- sexuelle Unlust
- Unregelmäßigkeiten bei der Periode

GU-ERFOLGSTIPP

Schon ein gemischter Salat am Tag– mit kalt gepresstem Olivenöl angemacht – hilft, den DHEA-Spiegel positiv zu beeinflussen. Denn Oliven sind reich an Squalen (6,8 mg/g). Weitere squalenhaltige Lebensmittel sind Amaranth (9–10 mg/g), Quinoa (2–4 mg/g), Avocado (0,44 mg/g) und Käse (0,095 g/g).

Schlank mit DHEA

Generell profitiert auch Ihr DHEA-Haushalt (siehe Seite 28) von den Maßnahmen für mehr Östrogen. Darüber hinaus gibt es noch eine andere wirkungsvolle Möglichkeit, den DHEA-Spiegel dosiert zu regulieren: Versorgen Sie sich mit Squalen. Diese fettartige Verbindung ähnelt im chemischen Bauplan den Karotinoiden, also den roten Farbstoffen in Pflanzen (etwa Karotten oder Kürbis) und ist ein wichtiges Zwischenprodukt bei der Synthese von DHEA. Durch seine Zufuhr kann die Bildung dieses Schlankheitshormons sanft stimuliert werden und ein entgleister DHEA-Stoffwechsel wieder ins Lot gebracht werden. Lassen Sie sich hierzu von Ihrem Arzt beraten. Squalen kommt sowohl in tierischen Organismen als auch in Pflanzen vor. So enthalten Leberöle von Fischen den Stoff ebenso wie pflanzliche Öle, allen voran das Olivenöl. Zudem gibt es Squalen auch in Kapselform.

Treibstoff Schilddrüsenhormone

Die Schilddrüse mischt unseren Stoffwechsel kräftig auf: Ihre Hormone steuern die Laune, verleihen der Haut ein straffes und seidiges Aussehen, machen wach oder müde und regulieren die Verbrennung der Nahrung. Wenn die Anzeige der Waage plötzlich ohne ersichtlichen Grund immer höher klettert, aber auch wenn das Gewicht rapide weniger wird, können die Schilddrüsenhormone dahinterstecken. Denn die Schilddrüse ist ein außerordentlich sensibles Organ, das leicht aus dem Takt geraten kann. Mit folgenden Maßnahmen helfen Sie ihr, die Balance zu halten:

- Jod ist der Treibstoff der Schilddrüsenhormone, täglich werden 100 bis 150 Mikrogramm davon benötigt. Gute Quellen sind Fisch, Schalentiere und jodiertes Speisesalz.
- Achten Sie auf die ausreichende Zufuhr von Eiweiß (Protein). Es wird zum Aufbau der Hormone benötigt. Gute Quellen sind Milchprodukte, Fisch und mageres Fleisch.
- Stress und Hektik über längere Zeit können die Schilddrüse zu Höchstaktivität antreiben und erzeugen die Symptome einer Überfunktion. Meist legen sich die Beschwerden, wenn das Leben wieder in ruhigeren Bahnen verläuft. Achten Sie jedoch

Ist Ihre Schilddrüse gesund?

Symptome bei Schilddrüsen-überfunktion	Symptome bei Schilddrüsen-unterfunktion
> rasche Gewichtsabnahme ohne Änderung der täglichen Kost	> Gewichtszunahme, ohne mehr zu essen
> starkes Schwitzen	> Kälteempfindlichkeit, Frieren
> Nervosität, Unruhe	> Leistungsabfall
> leichtes Zittern der Hände	> Antriebslosigkeit, Niedergeschlagenheit
> Schlaflosigkeit, ständige Müdigkeit	> verstärktes Schlafbedürfnis
> beschleunigter Herzschlag	> Verstopfung
> hoher Blutdruck	> trockene, blasse Haut, stumpfe brüchige Haare

darauf, Ihre Schilddrüse nicht zu oft auf die Überholspur zu bringen. Sie könnte entgleisen.

- Manche Mediziner sind der Meinung, dass die typisch weibliche Neigung, Ärger, Sorgen und Wut aus übertriebenem Harmoniebedürfnis heraus »hinunterzuschlucken«, zu einer regelrechten Blockade der Kehlregion führen könne. Dadurch wird die Schilddrüse ausgebremst. Eine bewusste Änderung der zwischenmenschlichen Beziehungen kann Hilfe bringen.

Stresshormone als Figurkiller

Stresshormone wie Cortisol oder Adrenalin fördern nicht nur die Ansammlung von Fett in der Bauchregion, sie lassen den Körper auch prall und aufgedunsen aussehen. Die wichtigste Maßnahme dagegen ist, für ausreichend Entspannung zu sorgen. Wenn Sie einen ausgeglicheneren Lebensrhythmus gefunden haben, ist die Voraussetzung für eine gute Figur geschaffen.

WICHTIG

Suchen Sie bei Symptomen einer Schilddrüsenunter- oder -überfunktion unbedingt einen Arzt auf. Möglicherweise steckt eine ernsthafte Erkrankung dahinter. Nicht behandelte Schilddrüsenerkrankungen können schwer wiegende Folgen haben (zum Beispiel Herzrhythmusstörungen).

Testosteron, Muskeln und Gewicht

Es macht Männer männlich, aber auch Frauen haben es: das Hormon Testosteron. Bei beiden Geschlechtern regt es die Lust auf Sex an, stimuliert – bei entsprechendem Training – den Muskelaufbau und fördert Mut, Durchsetzungskraft und Entschlossenheit. Testosteron wirkt sogar festigend auf typisch weibliche Problemzonen. Die besten Möglichkeiten, auf Ihren Testosteronhaushalt einzuwirken:

- Lieben Sie! Sex regt die Bildung dieses Hormons an wie kaum eine andere Maßnahme.
- Um die Produktion anzukurbeln, benötigen Sie die Vitamine A, C und E sowie B-Vitamine, dazu insbesondere die Mineralstoffe Zink, Magnesium, Mangan und Molybdän. Günstige Lebensmittel sind Vollkornprodukte, Fisch, Milchprodukte und Nüsse. Fettes, Alkohol und Rauchen drosseln die Hormone.
- Auch regelmäßiger Sport wirkt sich positiv auf die Testosteronbilanz aus. Sie müssen aber schon richtig ins Schwitzen kommen.

Monatsrhythmus und Gewicht

Bei Frauen variieren Körpergewicht und Appetit je nach Zyklusphase. Mindestens zwei Hormone steuern den Appetit während

GU-ERFOLGSTIPP

Passen Sie Ihr Sportprogramm Ihrem Zyklus an und drosseln Sie in der zweiten Zyklushälfte das Tempo. Denn vor und während der Tage sinkt nicht nur die geistige, sondern auch die körperliche Leistungsfähigkeit auf einen Tiefpunkt. Ihnen geht schneller die Puste aus. Der Grund: Vor der Periode wird vermehrt Progesteron ausgeschüttet. Dadurch steigen Puls und Blutdruck an, die Sauerstoffsättigung des Blutes nimmt ab. Weil dadurch der Sauerstofftransport in den Organismus erschwert wird, kommen Sie schneller außer Atem und ermüden rascher. Verlegen Sie den Trainingsschwerpunkt also lieber auf die erste Zyklushälfte. Dann fühlen Sie sich wohler und belasten Ihren Organismus nicht unnötig.

eines Menstruationszyklus: Östrogen und Progesteron. Ersteres fördert die Fetteinlagerung unter die Haut. Günstigerweise haben die meisten Frauen bei einem Östrogenhoch (1. Zyklushälfte) aber nicht so viel Appetit wie in anderen Zyklusphasen, sodass sie normalerweise nicht zu dick werden. Haben Sie dennoch das Gefühl, dass Ihre Fettpolster anschwellen, können Sie den Östrogenspiegel bis zu einem gewissen Grad steuern, indem Sie die Fettzufuhr verringern und mehr ballaststoffreiche Kost zu sich nehmen. In der zweiten Zyklushälfte wird vermehrt das Hormon Progesteron ausgeschüttet. Um diese Zeit neigen Frauen dazu, zu viel zu essen – vor allem zu viele Kohlenhydrate. Wenn Sie dann pro Tag etwa 150 zusätzliche Kalorien in Form komplexer Kohlenhydraten (etwa durch Vollkornprodukte und Gemüse) zu sich nehmen, lässt sich der Teufelskreis vermeiden, der durch ein Übermaß an Zucker und einfachen Kohlenhydraten entsteht. Auch koffeinhaltige Getränke wie Kaffee, Tee und Cola sollten Sie jetzt meiden. Koffein setzt den in der Leber gespeicherten Zucker frei und somit den Teufelskreis in Gang.

Ab dem 40. Lebensjahr verringert sich die Bildung des Gelbkörperhormons Progesteron, das unter anderem auch für den Schutz der Kollagenfasern, also der Stützfasern in der Haut, zuständig ist. Dadurch wird die Haut schlaffer und faltiger. Da gleichzeitig ein relatives Übergewicht an Östrogenen vorliegt, füllen und vergrößern sich die ungeliebten Fettzellen im Unterhautfettgewebe. Die Körperproportionen verändern sich: Vor allem an Bauch und Po, aber auch an den Oberschenkeln und Oberarmen bilden sich Fettansammlungen. Jenseits der 40 sollten Sie sich daher besonders sorgfältig und gesund ernähren (siehe Seite 94 ff.) und vor allem Ihren Appetit in der zweiten Zyklushälfte dämpfen.

ZU SCHWER?

Wenn Sie trotz allem in der zweiten Zyklusphase ein bis zwei Kilogramm mehr wiegen als in der ersten, ist das kein Grund zur Sorge. In der Regel handelt es sich um Wassereinlagerungen, die mit Einsetzen der Periode wieder verschwinden.

TIPP

Da Frauen naturgemäß weniger (straffendes) Testosteron haben als Männer, ist die Cellulitis ein vorwiegend weibliches Problem. So beugen Sie den hässlichen Dellen vor:

- Massieren Sie täglich Ihre gefährdeten Partien (Oberschenkel, Po) mit einer Massagebürste. Damit fördern Sie die Durchblutung der Haut.
- Sauna und Dampfbad kurbeln den Stoffwechsel richtig an und begünstigen die Ausscheidung von Schlackenstoffen.
- Treiben Sie regelmäßig Sport.
- Tiefenwirksame Spezialcremes können ebenfalls die Durchblutung fördern, den Fettstoffwechsel anregen und das Gewebe festigen. Günstige Wirkstoffe sind Efeu, Rosskastanie, Koffein, Theophyllin, Guarana und Ginkgo.
- Das Allerwichtigste jedoch: Cremes und Co. können nur helfen, wenn Sie sie wirklich regelmäßig anwenden.

Schlank im Schlaf

Wissenschaftler von der Columbia Universität in New York haben herausgefunden, dass es einen Zusammenhang gibt zwischen der Anzahl an Stunden, die wir nachts schlafen, und dem Risiko für Übergewicht. Wer nachts weniger als vier Stunden schläft, hat ein um 73 Prozent erhöhtes Risiko für überflüssige Pfunde. Zwischen vier und fünf Stunden pro Nacht ist die Gefahr, Speck anzusetzen, verglichen mit Normalschläfern immer noch deutlich höher (plus 50 Prozent). Selbst bei sechs Stunden Schlaf liegt das Zunehm-Risiko noch bei plus 23 Prozent. Der Grund: Schlafen ist ein hochaktiver Prozess und kostet reichlich Energie. Um gerade einmal 50 Kilokalorien unterscheidet sich der Verbrauch zum Grundumsatz im Wachzustand. Dass der Magen dabei nicht knurrt und wir nicht hungrig aufwachen, verdanken wir dem natürlichen Appetitzügler Leptin, der nachts ausgeschüttet wird. Weil der Stoffwechsel weiter aktiv bleibt, kann der Körper pro Nacht 70 bis 100 Gramm Fett verbrennen. Und diesen Prozess gilt es zu nutzen und zu unterstützen.

GU-ERFOLGSTIPP

Vermeiden Sie unnötige Müdigkeit, etwa durch zu wenig Nachtschlaf oder Arbeitsüberlastung. Ist der Körper müde, steigert er die Produktion des Botenstoffs Ghrelin – und das macht Appetit. Schlafen Sie deshalb nachts ausreichend, und gönnen Sie sich tagsüber zwischendurch ein Nickerchen. Der Grund: Schon beim Einschlafen werden vermehrt Wachstumshormone ausgeschüttet.

Nachts Fett verbrennen

Während wir schlafen, laufen im Körper verschiedene Reparatur- und Regenerationsprozesse ab, an denen maßgeblich das Wachstumshormon (Somatotropin) beteiligt ist, von dem die Hirnanhangsdrüse nachts große Mengen produziert. Dieses Hormon regt die Wachstums- und Erneuerungsprozesse des Körpers an, reduziert Fettzellen, ist gut für den Muskelaufbau, macht die Haut dicker, stimuliert Herz, Kreislauf sowie Nieren und hebt die Stimmung. Und: Das Wachstumshormon bügelt Kaloriensünden aus, indem es die Fettverbrennung ankurbelt. Es ist somit Ihr wichtigster Verbündeter im Kampf gegen die Pfunde. Positive Nebenwirkung: Die Haut wird praller, die Muskeln werden straffer.

Wenn Sie allerdings zu wenig schlafen, hat das Wachstumshormon zu wenig Zeit, Fett zu verbrennen. Außerdem bleibt Ihnen durch die längere Wachphase mehr Zeit zum Essen. Auch das begünstigt Übergewicht. Besonders fatal: Forscher konnten belegen, dass bei Übergewichtigen die Ausschüttung von Wachstumshormonen vermindert ist, was weiteres Übergewicht fördert. Bei Normalgewichtigen dagegen ist der Somatotropinspiegel im Blut um bis zu 15 Prozent höher. Versuche ergaben, dass dadurch das Fettgewebe vor allem an der Bauchregion schwindet. Doch die gute Nachricht lautet: Wer Gewicht verliert, bei dem steigt automatisch auch die Produktion an Wachstumshormon wieder an.

Abends besser leichte Kost

Damit das Wachstumshormon optimal arbeiten kann, empfiehlt es sich, abends mäßig und eiweißbetont zu essen. Denn Proteine liefern zum einen wichtige Baustoffe für das Fatburner-Hormon. Zum anderen halten sie das Insulin in Schach, das die Fettverbrennung blockiert und daher dem Wachstumshormon entgegenwirkt. Da eine ausgewogene Mahlzeit jedoch nie ganz frei von Kohlenhydraten ist, sollten Sie vor allem nicht zu spät zu essen – am besten vor 19 Uhr. Dann hat der Körper genug Zeit, Zucker und Insulin wieder aus dem Blut zu entfernen.

Eine kleine Menge Kohlenhydrate in der Mahlzeit ist übrigens auch wichtig für gute Laune und guten Schlaf. Schließlich werden sowohl das Gute-Laune-Hormon Serotonin als auch das Schlafhormon Melatonin im Ge hirn aus der Aminosäure Tryptophan gebildet. Damit dieser Baustein überhaupt an seinen Bestimmmungsort gelangen kann, braucht es (durch Kohlenhydrate stimuliertes) Insulin. Das Hormon verfrachtet alle Aminosäuren aus dem Eiweißabbau rasch in die Zellen. Mit einer Ausnahme: Tryptophan reichert es im Blut an, wodurch dieses schneller und in höheren Mengen ins Gehirn wandern und dort umgewandelt werden kann. Ein Grund auch, warum wir nach einem guten Essen zufrieden und oft auch ein wenig müde sind.

SO LOCKEN SIE IHR WACHSTUMSHORMON

- Sorgen Sie für tiefen und gesunden Schlaf. Das Wachstumshormon wird nämlich vor allem in der Tiefschlafphase ausgeschüttet.
- Meiden Sie Alkohol vor dem Zubettgehen, durch ihn verkürzen sich die Tiefschlafphasen und der Ausstoß an Wachstumshormonen sinkt.
- Sport kurbelt die Hormonproduktion an. Jede Art von Bewegung ist geeignet – am besten täglich 20 Minuten.
- Kombinieren Sie Eiweiß, Vitamin C und Vitamin B_6 zum Abendessen. Gute Kombinationen sind Fleisch, Fisch oder Vollkornprodukte mit Obst oder Gemüse.
- Auch die Aminosäuren Arginin und Ornithin – als Kapseln in der Apotheke erhältlich – kurbeln die Produktion von Wachstumshormonen an. Lassen Sie sich hierzu aber von einem Hormonspezialisten beraten.

Dinner-Cancelling

Ab 16 Uhr nichts mehr essen, nur noch Tee und Wasser trinken – diese Empfehlung gilt in Society-Kreisen als Geheimtipp für eine schlanke Linie und jugendliches Aussehen. Nicht ganz zu Unrecht: Zum einen sparen Sie Kalorien ein – Kalorien, die sonst bei nächtlicher Stunde sehr leicht in Fettpolster umgewandelt werden können. Zum anderen kurbeln Sie die Produktion von Somatotropin und Testosteron an. Diese Hormone werden ausgeschüttet, wenn der Körper nachts – bedingt durch Nahrungsmangel – in eine Unterzuckerung gerät. Beide schmelzen das Fett und straffen Haut und Muskeln. Normalerweise läuft die Hormonproduktion erst in der zweiten Nachthälfte auf Hochtouren, wenn die Kalorien des Abendessens verbraucht sind. Ohne abendliches Mahl kommen die Schlankheitshormone schneller in Fahrt und können länger wirken. Auch das Schlafhormon Melatonin wird verstärkt ausgeschüttet, es verjüngt den Körper.

TIPP

Wenn Sie das Abendessen ausfallen lassen möchten, tun Sie dies höchstens zweimal die Woche, das empfindet Ihr Körper noch nicht als Hungersnot.

Die biologische Kehrseite: Wenn Sie jeden Abend auf das Essen verzichten, glaubt der Organismus, es drohe eine Hungersnot, und wirft sein Sparprogramm an: Er drosselt den Kalorienverbrauch, wodurch das Abnehmen schwieriger wird. Außerdem haben Sie sofort wieder eine Horde von Botenstoffen im Gehirn, die Ihnen so richtig Lust auf Essen macht. Das Plus an Fett, das die nächtlichen Hormone verbrennen, führt Ihnen ein übergroßer Appetit tagsüber wieder zu, Sie geraten fast in einen Teufelskreis. Zudem fällt es vielen Menschen schwer, mit knurrendem Magen zu schlafen. Wer unter einem niedrigen Blutdruck leidet, hat nicht selten sogar Durchschlafprobleme – und das bremst die Fatburner-Hormone aus.

Wählen Sie daher eine biologisch verträgliche Variante des Dinner-Cancelling. Essen Sie abends nur leicht verdauliche Kost – und essen Sie vor allem nicht zu spät. Dann hat Ihr Körper noch genügend Zeit, die Nahrung zu verdauen, ohne überschüssige Pfunde anzulegen, und Sie sichern sich einen ruhigen, hormonreichen Schlaf. Absolut tabu sind Mahlzeiten nach 20 Uhr.

Günstig ist überdies ein Spaziergang nach dem Abendessen. Er kurbelt die Verdauung an und sorgt für die nötige Bettschwere.

Wechseljahre – ein neuer Lebensabschnitt

Irgendwann zwischen Mitte vierzig und Mitte fünfzig läuten die Hormone das Ende der fruchtbaren Jahre einer Frau ein: Der Zyklus wird unregelmäßig (meist erst einmal kürzer), die Blutungen werden stärker, Hitzewallungen stellen sich ein. Weitere Beschwerden können Nervosität, Schlafstörungen und depressive Verstimmungen sein. Der Volksmund fasst all diese Phänomene unter dem Begriff Wechseljahre zusammen. Die Beschwerden sind keinesfalls krankhaft, sondern werden durch Schwankungen im Gehalt der

Sexualhormone im Blut ausgelöst. Wenn sich die Hormonlage wieder neu eingependelt hat, ist es auch mit der Unpässlichkeit vorbei. In der Regel dauert diese körperliche Umstellung zwei bis sieben Jahre. Art und Umfang der Symptome sind dabei von Frau zu Frau verschieden. Manche Frauen haben auch überhaupt keine Beschwerden. Übrigens: Nur etwa ein Prozent aller Frauen erlebt die Wechseljahre vor ihrem 40. Geburtstag. Schuld daran sind meist krankhafte Ursachen, wie Schilddrüsenerkrankungen, Diabetes, Magersucht, Autoimmunerkrankungen und Krebs.

WICHTIG

Nur in seltenen, vom Arzt zu entscheidenden Fällen ist es sinnvoll, den Hormonstatus in den Wechseljahren bestimmen zu lassen. Schließlich ist die Höhe des Hormonspiegels von Frau zu Frau unterschiedlich und korreliert nicht mit dem Ausmaß der Beschwerden. Zudem schwankt der Hormongehalt während der Wechseljahre stark, so dass eine Blutuntersuchung immer nur eine Momentaufnahme sein kann und selten therapeutisch verwertbar ist.

So kommen Sie gut durch die Wechseljahre

Die Wechseljahre bedeuten zwar das Ende der Fortpflanzungsfähigkeit, keinesfalls jedoch das Ende der Weiblichkeit. Im Gegenteil! Während das monatliche Auf und Ab der Hormone in den fruchtbaren Jahren eine gewisse Unruhe in den Körper brachte, verleiht der gleichmäßige Hormonspiegel nach den Wechseljahren mehr innere Ruhe und Gelassenheit. Gleichzeitig haben viele Frauen das Gefühl, dass ihr Verstand jetzt weitaus leistungsfähiger ist als früher. Bedauern Sie also nicht das Ende der fruchtbaren Jahre, sondern sehen Sie das Klimakterium als Chance, Ihrem Leben eine neue, positive Wendung zu geben. Starten Sie durch zu einer neuen Weiblichkeit. Passen Sie Lebensweise, Ernährung und nicht zuletzt auch Ihre Lebenseinstellung dem veränderten Hormonhaushalt an. Leben Sie an der biologischen Ideallinie!

Nichtsdestotrotz ist die Phase des Umschwungs für die meisten Frauen mit einigen mehr oder weniger starken unangenehmen Begleiterscheinungen verbunden. Doch mit der entsprechenden Lebensweise können Sie viel dazu beitragen, dass die Lebensqualität nicht ab-, sondern stetig zunimmt. Das 40+-Lifestyle-Konzept zeigt Ihnen, wie es funktioniert. Wenn Sie trotz einer biologisch ausgeglichenen Lebensweise übermäßig zunehmen oder unter ausgeprägten Beschwerden leiden, sollten Sie unbedingt mit Ihrem Hausarzt oder Gynäkologen darüber sprechen. Möglicherweise leiden Sie an einer behandlungsbedürftigen Störung (etwa einer Schilddrüsenerkrankung, einer Fettstoffwechselstörung oder einem ausgeprägten Vitamin- und Mineralstoffdefizit).

Keine zusätzlichen Kilos

Als wäre die Auseinandersetzung mit dem Alter noch nicht genug, bekommen viele Frauen während der Wechseljahre auch noch Probleme mit ihrem Gewicht. Der Kampf mit der Waage ist in erster Linie auf den altersbedingt sinkenden Grundumsatz zurückzuführen. Wir brauchen ganz einfach weniger Kalorien als früher. Doch leider fällt es vielen schwer, das Essverhalten den neuen Ansprüchen anzupassen. Das 40+-Ernährungskonzept hilft Ihnen dabei, ohne Verzicht auf Genuss einem steten Ansteigen des Zeigers auf der Waage entgegenzusteuern. So können Sie viel für Ihre Figur und Ihre Fitness tun (siehe auch Seite 94 ff.).

Die Veränderung der Sexualhormone hat ebenfalls Einfluss auf das steigende Gewicht – wenn auch nur sekundär. Vor allem der Überschuss an männlichen Hormonen führt zu einem veränderten Fettverteilungsmuster. Überschüssige Kalorien lagern sich nun bevorzugt am Bauch an und werden somit auch zu einer Gefahr für Herz und Kreislauf. Befolgen Sie daher die Tipps zum Thema Bauchfett besonders sorgfältig (siehe Seite 30 ff.).

GU-ERFOLGSTIPP

Forscher haben herausgefunden, dass der Organismus in den Jahren um die Wechseljahre oft nur unzureichend mit Vitamin D versorgt ist. Der Grund: Vitamin D kann mit Hilfe des Sonnenlichtes in der Haut gebildet werden; diese Eigenproduktion lässt mit zunehmendem Alter jedoch nach. Außerdem halten sich gerade ältere Frauen – aus (durchaus berechtigter) Sorge um ihre Haut – nicht mehr so oft in der Sonne auf. Da Vitamin D eine wichtige Rolle für gesunde Knochen (Osteoporoseschutz) und das Immunsystem spielt, sollten Sie aber gerade jetzt auf dosierte Sonnenbäder setzen. Ideal ist es, sich regelmäßig in der Sonne zu bewegen. Setzen Sie dabei möglichst viel Haut der Sonne aus – nicht nur das Gesicht oder die Arme. Besonnen Sie den Körper, solange es Ihre Eigenschutzzeit erlaubt, ohne Sonnenschutzmittel und cremen Sie sich erst danach ein. Lichtschutzfaktoren verhindern nach neueren Studien die Bildung von Vitamin D.

Schluss mit Schwitzen

Hitzewallungen zählen zu den unangenehmsten Wechseljahresbeschwerden. Sie sind auf eine Irritierung der Temperaturzentrale im Gehirn durch die Hormonschwankungen zurückzuführen und können blitzartig auftreten. Meist dauern Sie nur wenige Minuten, doch das kann ausreichen, um sich wirklich mies zu fühlen. Bis zu einem gewissen Grad lässt sich das übermäßige Schwitzen kaum vermeiden. Sie können den Wallungen jedoch sehr gut entgegenwirken:

- Vermeiden Sie alles, was zu einer starken Wärmeentwicklung im Körper führen kann. Dazu gehören Genussgifte wie Alkohol, Zigaretten oder Kaffee, aber auch scharfe Gewürze wie Pfeffer, Chili, Ingwer, Curry und Zimt. Beobachten Sie, was Ihnen einheizt.
- Teemischungen mit beruhigenden und kühlenden Kräutern wie Salbei, Hafer, Erdbeerblätter, Holunder und Hopfen wirken regulierend auf die Körpertemperatur. Trinken Sie über den Tag verteilt immer wieder eine Tasse davon – am besten lauwarm.
- Achten Sie auf leichte, atmungsaktive Kleidung, zum Beispiel aus Seide, Leinen oder Baumwolle, und bevorzugen Sie Farben, bei denen Schweißflecken wenig zu sehen sind (zum Beispiel ganz helle und dunkle Töne).
- Wenn Sie sehr viel schwitzen, fragen Sie Ihren Arzt, welche pflanzlichen Präparate die Beschwerden lindern.

Kalziumreiche Lebensmittel

Lebensmittel	Kalzium pro 100 g
Schweizer Käse	750 mg
Sardinen mit Gräten	300 mg
Magermilch	120 mg
Agar-Agar	160 mg
Orangensaft mit Kalziumzusatz	130 mg
Mandeln	120 mg
Joghurt	118 mg
Grünkohl (gekocht)	115 mg
Haselnüsse	113 mg
Spinat (gekocht)	111 mg
fester Tofu	100 mg
Chinakohl	80 mg
Kichererbsen (gekocht)	60 mg

Für jugendliche Haut

Viele Frauen klagen in den Wechseljahren über trockene und schuppige Haut. Verschiedene Studien haben gezeigt, dass Hautcremes mit Sojaextrakten hilfreich sein können: Nach durchschnittlich zwölf Wochen verbessert sich das Hautbild bei der Verwendung entsprechender Produkte deutlich. Der Wechsel zu einem anderen Pflegeprodukt ist also durchaus überlegenswert. Ein Plus für die Wechseljahre: Frauen, die bisher eher zu fettiger Haut, Pickelchen und Mitessern neigten, können sich endlich über ein klares Hautbild freuen.

Der Osteoporose vorbeugen

Sie wissen jetzt: Ein optimaler Hormonhaushalt und eine gesunde Ernährung sind ab der Lebensmitte besonders wichtig für Ihre Figur und Ihre Attraktivität. Sie halten Sie fit und leistungsfähig. Mit etwa 50 Jahren gibt es aber noch einen weiteren Grund, und der heißt Osteoporose.

Osteoporose ist ein Leiden, bei dem die Knochen brüchig werden und erhebliche Schmerzen entstehen können. 30 Prozent aller Frauen sind nach der Menopause mehr oder weniger von Osteoporose betroffen. Die Krankheit ist ein schleichender Prozess: Der Abbau der Knochenmasse führt erst zum Verlust der Knochenstabilität, dadurch zu Knochenschmerzen (vor allem im Rücken) und zur Veränderung der Körperhaltung und schließlich nicht selten zu (mitunter schlecht heilenden) Brüchen.

Nahrung für starke Knochen

Nimmt die Körperlänge um ein bis zwei Zentimeter ab, bildet sich ein Buckel und machen sich Schmerzen vor allem im Bereich der Brust- und Lendenwirbel und bei belastenden Bewegungen bemerkbar, sind dies erste Anzeichen für eine Osteoporose. Doch Sie können dem Knochenschwund entgegenwirken und sogar schon geschwächten Knochen ihre Kraft wieder zurückgeben:

- Versorgen Sie sich ausreichend mit kalziumreichen Nahrungsmitteln. Die besten Quellen sind fettarme Milch und Milchprodukte sowie Hartkäse (siehe Tabelle links).

GU-ERFOLGSTIPP

Nicht nur falsche Ernährung und Bewegungsmangel begünstigen Osteoporose. Auch länger anhaltende Depressionen gelten als Risikofaktor. Denn bei einer Depression kreist in erhöhten Mengen ein bestimmter Botenstoff im Blut (Interleukin-6). Und der stimuliert den Knochenabbau. Wenn Sie nur hin und wieder Trübsal blasen, hebt regelmäßiger sanfter Ausdauersport die Laune nachhaltig. Außerdem bringt Bewegung den Interleukin-6-Wert wieder nach unten. Bei schweren Depressionen sollten Sie unbedingt therapeutische Hilfe in Anspruch nehmen.

> Achten Sie auf ausreichend Vitamin D, es fördert die Knochendichte. Am besten können Sie sich das Vitamin D durch ein Sonnenbad zuführen. Bereits 30 Minuten versorgen Sie mit der notwendigen Dosis. Wählen Sie für Ihr Sonnenbad die Morgen- oder Spätnachmittagsstunden, ideal sind zweimal fünfzehn Minuten.
> Achten Sie auf eine ausreichend große Zufuhr von Vitamin A (beziehungsweise Beta-Carotin), es fördert die Nährstoffaufnahme im Darm. Gute Quellen sind gelbes und orangefarbenes Gemüse wie Kürbis und Karotten, aber auch dunkelgrünes Blattgemüse (Spinat, Mangold).
> Reduzieren Sie Phosphat in der Nahrung, da es die Aufnahme des Knochenminerals Kalzium verschlechtert. Besonders phosphatreich sind Softdrinks (Cola, Limonade), manche Fitnessgetränke und Schmelzkäse.
> Trinken Sie nicht mehr als zwei Tassen Kaffee oder Colagetränke täglich, da das darin enthaltene Koffein die Kalziumausscheidung fördert. Schwarzer oder grüner Tee hat diese Wirkung nicht, da hier das Koffein an die Gerbstoffe gebunden und deshalb für den Körper nicht verfügbar ist.
> Treiben Sie regelmäßig Sport, und kombinieren Sie dabei Ausdauersport (zum Beispiel Jogging oder Fahrradfahren) mit Krafttraining (siehe Seite 78 ff.).
> Geben Sie das Rauchen auf, und schränken Sie den Konsum von Alkohol ein.

TIPP

Wer vor bzw. in den Wechseljahren seinen Hormonspiegel ganz sanft und ohne Chemie ins Lot bringen möchte, kann es mit Hormon-Yoga versuchen. Dabei handelt es sich um eine Reihe von Yoga-Übungen, die die Aktivität der Eierstöcke, der Nebennieren und der Schilddrüse anregen. US-Forscher haben nach vierwöchigem Training eine Besserung von Wechseljahresbeschwerden festgestellt.

Pflanzliche Hormone

Eine Hormontherapie ist immer ein starker Eingriff in den Stoffwechsel. Sanfter und oft genauso wirkungsvoll sind Hilfen aus der Natur. Einige Lebensmittel und Heilpflanzen enthalten in geringen Mengen hormonartige Substanzen, die dem weiblichen Organismus gut tun. Sie können damit sanfte Impulse setzen, um hormonell wieder ins Gleichgewicht zu kommen. Gute Erfolge werden vor allem bei Befindlichkeitsstörungen beobachtet, bei denen ein klassisches Hormonpräparat zu stark wäre. Lassen Sie sich von einem kompetenten Arzt oder Heilpraktiker beraten.

Phytoöstrogene - gut oder schlecht ?

Diese Gruppe von pflanzlichen Inhaltsstoffen (chemisch Isoflavone) wirken wie das menschliche Hormon Östrogen, nur hundert- bis tausendmal schwächer, und werden häufig in Form von angereicherten Nahrungsergänzungsprodukten als sanfte Hilfe bei Wechseljahresbeschwerden wie Hitzewallungen oder Schweißausbrüchen eingesetzt. Solche Präparate gelten als unbedenkliche Alternative zur eher umstrittenen Hormonersatztherapie. Nun ergab eine Auswertung verschiedener wissenschaftlicher Studien durch das Bundesinstitut für Risikobewertung, Berlin, vom Oktober 2007, dass die positive Wirkung von isolierten Isoflavonen, wie sie in Nahrungsergänzungspräparaten vorliegen, nicht ausreichend gesichert ist. Ferner zeigte sich, dass isolierte Isoflavone in höherer Dosierung (mehr als 100 mg täglich) bei längerfristiger Einnahme die Funktion der Schilddrüse beeinträchtigen, das Brüstdrüsengewebe verändern und möglicherweise sogar die Entwicklung von Brustkrebs fördern können. Daher sollte die Einnahme von phytoöstrogenhaltigen Nahrungsergänzungspräparaten nun unter ärztlicher Kontrolle erfolgen. Als unbedenklich gelten dagegen Lebensmittel, die Phytoöstrogene in natürlicher Zusammensetzung und in niedriger Konzentration enthalten, wie z. B. Soja oder Sojaprodukte, Leinsamen, Brokkoli, Pflaumen, Weizen, Oliven und Sonnenblumenkerne.

Hilfen aus der Natur

Es gibt eine Reihe von pflanzlichen Präparaten, die die durch die Hormonschwankungen ausgelösten Beschwerden mildern und so zu mehr Wohlbefinden verhelfen können, wie z. B. Mönchspfeffer, Keuschlamm, Wanzenkraut, Traubensilberkerze, Süßholzwurzel, Rotklee oder Nachtkerzenöl. Die Wahl des Präparats richtet sich nach den individuellen Beschwerden. Lassen Sie sich beraten!

WICHTIG

Verschiedene internationale Studien haben in den letzten Jahren gezeigt, dass die Risiken einer Hormonersatztherapie den Nutzen bei weitem überwiegen. Auch zur Prävention von Herz- und Kreislauferkrankungen erwiesen sich Hormone nicht als geeignet. Im Gegenteil: Eine Hormonersatztherapie kann das Risiko für Herzinfarkt oder Schlaganfall sogar erhöhen. Experten empfehlen daher eine Hormongabe nur bei ausgeprägten Beschwerden und in möglichst niedriger Dosierung. Keinesfalls sollten Hormone, die in anderen Ländern frei verkäuflich sind, ohne ärztliche Kontrolle eingenommen werden.

Die 10 besten Hormontipps für 40+

Leider ist es nicht möglich, für den Hormonhaushalt einfach so gezielt zu essen wie zum Beispiel für den Vitamin- und Mineralstoffhaushalt. Hormone profitieren vielmehr von Ihrer gesamten Lebensweise und einer in der Summe stimmenden Ernährung. Eine langfristig ausgewogene, vollwertige und abwechslungsreiche Kost ist die beste Grundlage für ein optimales Zusammenspiel der Hormone. Aber Sie können noch mehr tun.

1 Feinde Ihrer Hormone sind Zucker, zu fettes Essen, zu viel Alkohol und Rauchen. Sie ruinieren damit langfristig Ihren Hormonhaushalt!

2 Achten Sie auf ausreichend Mineralstoffe in der Nahrung. Diejenigen Enzyme, die Hormone synthetisieren, arbeiten dann besser. Besonders mineralstoffreich sind frisches Obst und Gemüse, Milchprodukte und vollwertige Getreideerzeugnisse.
Beugen Sie insbesondere einem Magnesiummangel vor. Viele Hormone wirken nämlich über Reaktionsketten, die Magnesium benötigen. Reich an diesem Mineralstoff sind zum Beispiel Kakao, Milch, Nüsse und magnesiumreiche Mineralwässer.

3 Nehmen Sie ausreichend Vitamin C zu sich, denn viele Hormone benötigen dieses zu ihrer Bildung. Gute Vitamin-C-Lieferanten sind frisches Obst und Gemüse. Verteilen Sie die Aufnahme über den Tag. Denn einen Überschuss an Vitamin C scheidet der Körper unverbraucht wieder aus.

4 Essen Sie genügend hochwertiges Eiweiß (Getreide, Fleisch, Fisch). Die meisten Hormone kurbeln in der Zelle die Produktion von Proteinen, meist Enzymen, an. Das funktioniert nur, wenn genügend Baustoffe, also Aminosäuren, zur Verfügung stehen.

5 Bringen Sie eine gewisse Regelmäßigkeit in Ihr Leben. Hormone benötigen gleichmäßige Impulse und können aus dem Takt geraten, wenn Ihr Leben zu chaotisch verläuft. Viel Action und ein unkonventionelles und ungeregeltes Leben mögen zwar spannend sein, doch geraten dabei langfristig die Hormone aus dem Takt. Regelmäßigkeit gilt dabei besonders für den Zeitpunkt der Mahlzeiten und die Schlafenszeit. Ein ausgewogener Hormonhaushalt ist immer das Ergebnis einer ausgewogenen Lebensführung.

6 Beachten Sie, dass die Hormonproduktion sehr gut auf äußere Reize anspricht. So wirkt sich regelmäßiges Sonnenlicht günstig auf das gesamte hormonelle Geschehen im Körper aus. Gehen Sie vor allem im Frühling hinaus an die frische Luft, und nehmen Sie das Erwachen der Natur bewusst wahr; damit erwachen auch Ihre Hormone aus dem Wintertief.

7 Für Ihre Sexualhormone können Sie nichts Besseres tun, als sich häufig der Lust und Liebe hinzugeben. Allein die Aussicht auf mehr kann unterstützend wirken. Denn die Sexualhormone sprechen bereits sehr gut auf ein romantisches Abendessen zu zweit, auf schummriges Kerzenlicht oder einen stimmungsvollen Sonnenuntergang an.

8 Ayurveda-Ärzte empfehlen eine morgendliche Ganzkörpermassage mit pflanzlichen Ölen. Der Grund: Auch in der Haut werden geringe Mengen an Wachstums- und Geschlechtshormonen produziert. Eine Ölmassage regt die körpereigene Produktion dieser Hormone an. Außerdem wird der Kreislauf in Schwung gebracht, und die Nerven werden beruhigt.
Davon einmal abgesehen ist eine solche Massage auch eine wunderbare Pflege für die Haut, hält sie geschmeidig und schön. Ein Effekt, der gerade nach den Wechseljahren, wenn die Haut aufgrund der nachlassenden Östrogenproduktion immer trockener, faltiger und schlaffer wird, vielen Frauen hochwillkommen ist.

9 Nehmen Sie die Veränderungen Ihres Körpers in der Lebensmitte zum Anlass, auch Ihr Leben zu verändern. Waren Sie bisher nur für Familie und Kinder da, sollten Sie ab jetzt mehr an sich selbst denken. Auch wenn Sie beruflich bisher immer das Letzte aus sich herausgeholt haben, sollten Sie etwas kürzer treten. Überlegen Sie, ob Sie vielleicht Arbeiten delegieren können. So schaffen Sie persönliche Freiräume nur für sich.
Vielleicht entdecken Sie Aspekte Ihrer Persönlichkeit, die Sie bisher nicht ausleben konnten, zum Beispiel ein kreatives Hobby wie Malen oder Schreiben, die Begeisterung für ferne Länder oder die Freude am Tanz. Je mehr Sie sich und Ihre ureigensten Bedürfnisse leben, desto mehr leben Sie an der biologischen Ideallinie. Und das tut Ihren Hormonen sehr gut.

10 Wenn Sie Ihren Hormonspiegel von einem Spezialisten bestimmen lassen wollen, sollten Sie dies unbedingt schon vor Einsetzen der Wechseljahre tun. Später sind die natürlichen Schwankungen zu hoch, und die Untersuchung hat nur wenig Aussagekraft. Bei Frauen ist der ideale Zeitpunkt für die Untersuchung etwa eine Woche vor Einsetzen der Periode. Dann liegt der Progesteron-Spitzenwert vor; dieser gibt Auskunft über die Werte der weiteren wichtigen Hormone Östrogen und Testosteron. Falls die im Labor durchgeführte Untersuchung suboptimale Hormonspiegel oder gar einen Hormonmangel ergibt, lassen Sie sich über Art, Form und Schema einer möglichen Hormoneinnahme ausführlich beraten. Suchen Sie sich einen Arzt/eine Ärztin, der/die sich hierfür ausreichend Zeit nimmt und einen individuellen Behandlungsplan erstellt.

IHR LEBENSSTIL AUF DEM PRÜFSTAND

Tagesrhythmus, Bewegung und Schlaf haben ebenso Einfluss auf Ihr Gewicht wie die persönliche Einstellung. Finden Sie einen Lebensstil, der zu Ihnen passt!

Schlank durch Zeitmanagement

So unglaublich es klingen mag: Wenn Sie immer in Eile sind, kann dies durchaus schuld dran sein, dass Sie zu viele Kilos mit sich herumschleppen – denn Übergewicht ist auch eine Zeitmangelkrankheit. Wer schlank werden will oder sein Gewicht im Alter halten möchte, muss in seinem Leben auch genug Zeit dafür einplanen. Leider lässt sich die Zeit, die Sie zum Abnehmen brauchen, nicht kaufen wie ein Diätprodukt. Deshalb kommt es auf das richtige Zeitmanagement an, damit die Pfunde purzeln.

40 – kein Alter wie jedes andere

Übergewicht und der oft vergebliche Versuch abzunehmen haben nicht selten einen zunächst ziemlich simplen Grund: Es fehlt einfach die Zeit für die Gewichtsreduktion. Wenn Sie einmal zusammenrechnen, wie viel Zeit so mancher Diätplan benötigt, kommen Sie schnell auf ein tagfüllendes Programm. Kein Wunder, dass solch ein Vorhaben zum Scheitern verurteilt ist.

Wie Sie auf den vorangegangenen Seiten bereits erfahren haben, ist das Idealgewicht – spätestens jenseits der 40 – das Ergebnis eines ganzheitlichen Lebenskonzepts. Bewegung, Ernährung und Entspannung: Das hält schlank, doch nur, wenn Sie sich regelmäßig dafür Zeit nehmen. Da unser moderner Lebensstil jedoch nur allzu häufig von Stress und Hektik geprägt ist, lassen sich oft schon einfache Ratschläge schwer umsetzen. Einige Beispiele:

- Wer 50 oder mehr Stunden in der Woche arbeitet, wird kaum Zeit haben, regelmäßig und in nennenswertem Umfang Sport zu treiben. Es ist nur allzu verständlich, dass nach so einem Arbeitstag abends (fast) nur noch Sofa und Fernsehsessel locken können, nicht das Fitnessstudio.
- Wer neben dem Job auch noch kleine Kinder zu versorgen hat, kommt nicht immer dazu, täglich frisches Gemüse zu besorgen und es kunstvoll zu Salaten zu schnippeln. Aus Zeitmangel greifen viele betroffene Frauen deshalb zu Fertigprodukten. Und die sind oft kalorienreich und sättigen schlecht.
- Es ist praktisch und spart Zeit, den kleinen Hunger zwischendurch mit Schokoriegeln, Keksen und Co. zu stillen. Die Knabbereien sind nicht nur überall erhältlich, sie sind auch sauber verpackt, passen in jede Handtasche oder Schreibtischschublade und halten sich ohne Kühlung. Obst oder Gemüse dagegen müssen Sie immer wieder frisch kaufen. Es muss häufig gekühlt und vor dem Essen gewaschen oder geputzt werden. Und Sie brauchen Platz für eine Obstschale.
- Auch wenn Wissenschaftler sich heute sicher sind, dass ein Mittagsschlaf super für die schlanke Linie und das Wohlbefinden ist: An den meisten Arbeitsplätzen lässt sich so eine kurze Entspannungsphase wohl kaum durchsetzen.

GEMEINSAM ANS ZIEL

Niemand knabbert gern allein am von zu Hause mitgebrachten Mittagssnack, wenn sich die Kollegen in die Kantine oder beim Italiener ums Eck verabreden. Klar, in Gesellschaft macht das Essen mehr Spaß, aber die Speisen sind meist um einiges deftiger und somit kalorienreicher als gewünscht. Wählen SIe also bewusst aus und suchen Sie sich Gleichgesinnte, die ebenfalls genug haben vom täglichen Kalorieneinerlei.

Es besteht kein Zweifel, dass selbst der »normale« Alltag kaum Raum für ein umfassendes Gesundheits- und Fitnessprogramm lässt. Mit 40 ist das Leben meist vollgepackt mit Aufgaben und Pflichten. Egal ob im Beruf, in der Familie oder im Freundeskreis: Die Erwartungen von allen Seiten sind hoch und wollen natürlich erfüllt werden. Vieles tut man ja auch gerne, nur irgendwann geht einfach die Zeit aus.

Die Stoffwechselveränderungen um die 40 sollten allerdings Anlass dafür sein, den eigenen Lebensstil zu überdenken und einiges zu verändern. Gehen Sie Ihren Alltag einmal in Gedanken durch und rechnen Sie nach, wie und wofür Sie Ihre Zeit ver(sch)wenden. Sie werden überrascht sein, dass Ihr persönliches Wohl darin kaum vorkommt. Und genau das kann der Grund dafür sein, warum es mit Abnehmen und Gewichthalten nicht klappt. Eine gute Figur und ein strahlendes Aussehen sind nun einmal auch das Ergebnis regelmäßiger Bemühungen. Genau so wie Sie Ihre beruflichen Termine sorgfältig planen, sollten Sie auch zu Ihrer eigenen »Figurmanagerin« werden. Bedenken Sie: Fürs Zähneputzen, Duschen oder Fernsehen haben Sie scheinbar mühelos Zeit. Diese Beschäftigungen sind ganz einfach zu festen Lebensgewohnheiten geworden. Machen Sie es mit Ihren 40+-Lifestyle-Maßnahmen genau so – und Sie werden bald ebenfalls ausreichend Zeit dafür haben.

AKTIVE FREIZEIT-GESTALTUNG

Gemeinsam wandern statt ins Restaurant, ins Schwimmbad anstatt ins Kino: Verabreden Sie sich mit Freunden doch einfach einmal zu sportlichen Aktivitäten. Das macht genauso viel Spaß, und Sie tun gleichzeitig noch eine Menge für Ihre Figur.

Planen Sie Ihre schlanke Linie

Setzen Sie Prioritäten! Mit 40 ist es an der Zeit, sich auf das Wesentliche zu konzentrieren. Instinktiv wissen Sie jetzt, was Ihnen wichtig ist und gut tut. Natürlich ist es unrealistisch, Beruf und/oder Familie zu vernachlässigen, um ein umfangreiches Gesundheitsprogramm durchzuziehen. Und das ist auch gar nicht notwendig. Sie müssen lediglich die Balance zwischen den Anforderungen des Alltags und Ihren persönlichen Bedürfnissen finden. Dann werden Sie feststellen, dass das 40+-Lifestyle-Konzept mit ein bisschen Überlegung in jeden Alltag passt. Die folgenden Tipps sollen deshalb Anregungen geben, den Alltag von nun an neu zu strukturieren.

Das persönliche Wohlfühl-Sportprogramm

Auch wenn Sie nur 20 oder 30 Minuten täglich trainieren, wird sich Ihre Konsequenz auszahlen. Mit diesen Tipps klappt es bestimmt mit dem Durchhalten:

- Am effektivsten ist es, das Sportprogramm gleich in der Früh zu absolvieren. Nach getaner Arbeit fehlen oft Zeit, Energie und Lust, sich zu bewegen. Vielleicht können Sie morgens ein paar Gymnastikübungen und/oder sanftes Laufen einplanen und dafür etwas später, aber mit dem guten Gefühl, bereits etwas für sich getan zu haben, in den (Arbeits-)Tag starten.
- Wer morgens partout weder Zeit noch Energie (niedriger Blutdruck!) für ein Sportprogramm hat, sollte es unmittelbar nach getaner Arbeit einschieben. Wenn Sie es sich erst einmal aufs Sofa gesetzt oder zu essen begonnen haben, können Sie Sport vergessen. Wählen Sie eine Sportart, bei der Sie ohne großen Aufwand und ohne Partner sofort loslegen können. Ideal sind Walking, Jogging und Radfahren. Dann müssen Sie nur Arbeitsoutfit gegen Sportdress tauschen, und schon kann es losgehen.
- Bewegen Sie sich im Alltag mehr. Forscher haben festgestellt, dass sich auch kleine »Fitnesshäppchen« summieren und dem Körper gut tun. Also: Treppe statt Aufzug, Fahrrad statt Auto und viel zu Fuß gehen.
- Reservieren Sie konsequent einen Abend pro Woche für ein extra Fitnesstraining. Familie, Freunde und Bekannte werden sich daran gewöhnen, dass Sie einmal nicht verfügbar sind. Besonders günstig ist übrigens der Freitag. Dann legt sich der Sportabend wie ein Puffer zwischen Arbeitswoche und Wochenende.

Die Rundum-Fit-Ernährung

Es ist zweifelsohne zeitaufwändig, sich vollwertig zu ernähren: Sie müssen regelmäßig frische Zutaten kaufen und einige Zeit fürs Schnippeln,

---

TIPP: Das Macht-schlank-Outfit

Gutes Aussehen ist in erster Linie eine Sache der Ausstrahlung, der Pflege und der richtigen Kleidung – nicht der Pfunde. Hier nur ein paar Basistipps für Frauen mit stärkerer Figur:

- Vermeiden Sie auffällige Muster bei zweiteiligen Kombinationen.
- Der Schnitt Ihrer Kleidung sollte locker und elegant sein. Tragen Sie nie zu enge Kleidung.
- Meiden Sie massige Stoffe, wie locker Gestricktes oder schweren Tweed; macht dicker.
- Wählen Sie dunkle Unitöne für die untere Körperhälfte, leuchtende Farben in Gesichtsnähe.
- Greifen Sie zu leichten Oberteilen, die unterhalb Ihrer breitesten Körperzone enden.
- Bevorzugen Sie dunkle Strümpfe.

Dünsten und Garen einplanen. Als wäre das noch nicht genug, sind in vielen Supermärkten abends die Gemüseregale leer und die Schlangen vor den Kassen lang – ein Problem, das vor allem Berufstätige kennen. Fastfood und Süßes dagegen sind an Bahnhöfen oder Tankstellen praktisch rund um die Uhr erhältlich, lassen sich rasch zubereiten und bequem auf Vorrat kaufen. Aber es gibt Tricks, die auch gesunde Ernährung zum »Fastfood« machen:

- Kaufen Sie Gemüse möglichst frisch und lagern Sie es kühl und in luftdicht verschlossenen Behältern. So können Sie sich zumindest einen kleinen Vorrat anlegen.
- Es gibt Küchenmaschinen, mit denen Sie Gemüse und Kräuter in Sekundenschnelle zerkleinern können. Achten Sie beim Kauf darauf, dass die Geräte einfach zu reinigen sind (Geschirrspüler), sonst verlieren Sie die Zeit wieder mit Abspülen.
- Informieren Sie sich, ob in der Nähe Ihres Arbeitsplatzes ein Wochenmarkt stattfindet, auf dem Sie in der Mittagspause Gemüse kaufen können. Damit sparen Sie die Zeit in abendlich vollen Supermärkten und haben bessere Auswahl. Außerdem machen Sie gleich einen Spaziergang. Achtung: Frischkost bis zum Abend kühl lagern.
- Die meisten Berufstätigen essen in der Kantine zu viel und/oder das Falsche – mit Folgen für die Figur. Sprechen Sie das Problem am Arbeitsplatz an. Regen Sie kalorienarme Kantinenkost an. Sicher sind auch viele Kollegen daran interessiert.
- Achten Sie beim Einkaufen auf Zucker- und Fettgehalt der Lebensmittel und lassen Sie Süßigkeiten links liegen. Was Sie nicht zu Hause haben, können Sie auch nicht essen.

SCHRITTZÄHLER

Sportgerätehersteller haben eine Untersuchung zum täglichen Gehpensum eines Menschen durchgeführt. Das erschreckende Ergebnis: Viele von uns legen im normalen Alltag gerade mal 1000 Meter zu Fuß zurück. Überprüfen Sie, ob Sie auch dazu gehören. Sehr einfach geht das mit einem Schrittzähler. Das kleine Gerät wird an den Hosen- oder Rockbund gehängt, zählt dort die zurückgelegten Schritte und rechnet sie in Meter um. Die gute Nachricht: Schon mit 1000 Metern mehr am Tag verbrauchen Sie pro Woche zusätzlich 500 Kilokalorien.

Zeit für Entspannung und Schlankheitshormone

Wie Sie bereits auf Seite 40 ff. gelesen haben, helfen Ihnen auch die körpereigenen Hormone schlank zu bleiben. Dazu jedoch brauchen sie regelmäßige »Pflege« – mit durchaus so angenehmen Dingen wie Sex, Sonnenbädern oder Schlaf. Oft fehlt leider aber selbst dazu die Zeit. Schaffen Sie sich also Freiräume:

- Überlegen Sie, welche Arbeiten Sie delegieren können, zum Beispiel an eine Haushaltshilfe, den Partner oder die Kinder.
- Sagen Sie auch mal Nein. Sie müssen nicht immer für alles und jeden da sein.
- Denken Sie darüber nach, was Ihnen eigentlich so viel Zeit stiehlt: Sitzen Sie zu lange vor dem Fernseher? Ist der Haushalt unpraktisch organisiert? Vertrödeln Sie Zeit mit unwesentlichen Dingen? Lernen Sie Techniken zum besseren Zeitmanagement – entweder mit einem Buch (siehe auch Seite 122) oder in einem entsprechenden Kurs.
- Erlernen Sie eine Entspannungstechnik, die Sie gut in Ihren Leben integrieren können und die Sie wieder mit Ihrer Mitte verbindet. Dann kostet der Alltag weniger Kraft.

Schluss mit dem Stress

Wohl keiner von uns kann sich ganz aus dem Alltag ausklinken. Auch wenn Sie sich noch so um Gelassenheit bemühen, werden Sie immer wieder einmal in Stresssituationen geraten. Und die sind fatal für die Figur. Denn zum einen begünstigt Stress die Fetteinlagerung am Bauch, zum anderen ändert sich das Essverhalten unter Stress oft dramatisch. Nehmen Sie Ihr Gewichtsproblem zum Anlass, Ihren Alltag zu überdenken und umzustellen.

Keine Chance für Stressfett

Auch wenn Sie bereits in der Stressfalle sitzen und ein paar Pfunde zugelegt haben: Durchbrechen Sie diesen Kreislauf, und werden beziehungsweise bleiben Sie schlank. Sie haben es wirklich selbst in der Hand; Sie können nicht nur den Genen die Schuld geben, denn das individuelle Stressverhalten ist zum großen Teil erlernt!

- Durchforsten Sie Ihren Terminkalender: Sind Sie im Job und privat so ausgebucht, dass Sie kaum mehr Zeit für sich haben? Viele Frauen sind mit Beruf und Kindern so ausgefüllt, dass sie sich selbst vernachlässigen. Planen Sie Auszeiten für sich ein.

WICHTIG

Vorsicht mit Aufputsch- oder Beruhigungsmitteln als »Stresslöser« – beispielsweise Koffein, Nikotin, rezeptfreie Medikamente oder Alkohol. Sie bringen langfristig Ihren Stoffwechsel total durcheinander. Außerdem verlieren Sie auf diese Weise jedes Gefühl für die natürlichen Leistungsgrenzen Ihres Körpers.

DIE GEFÄHRLICHSTEN STRESSFALLEN

Auch Menschen mit eisernen Nerven geraten mitunter in Gefahr, ihre Gelassenheit zu verlieren. Die folgenden Haupt-Risikofaktoren sollten Sie rechtzeitig erkennen: Ziellosigkeit, Überlastung, Zersplitterung der Konzentration auf verschiedene Aufgaben.

- Planen Sie Ihren Tag so, dass Sie nicht permanent unter Druck stehen und gegen Nachmittag völlig ausgelaugt sind. Machen Sie eine Mittagspause, vielleicht sogar einen kleinen Spaziergang.
- Akzeptieren Sie, dass Körper und Geist nach 15 Uhr ermüden und dieses Absinken der Energie normal ist. Organisieren Sie Ihren Tag entsprechend, und erledigen Sie anstrengende Projekte mit großen Herausforderungen möglichst vormittags. Sonst werden Sie am Nachmittag fast automatisch zum Vielesser.
- Wenn Sie zwischen 15 Uhr und Mitternacht gedankenlos und unkonzentriert essen, ist die Gewichtszunahme garantiert. Sorgen Sie daher in der Phase der abnehmenden Stresshormone (siehe auch Seite 27) mit gesundem Obst und Gemüse vor.
- Treiben Sie Sport! Forscher haben festgestellt, dass Frauen, die regelmäßig trainieren, in den Wechseljahren weniger zunehmen. Bewegung setzt Hormone und Botenstoffe frei, die die Stressreaktion dämpfen: Beta-Endorphine, Dopamine, Serotonin.
- Auch Freude und Lachen reduzieren Stresshormone. Forscher haben festgestellt, dass Kinder mehr als 400-mal am Tag lachen, Erwachsene gerade noch 12-mal. Dabei haben zehn Minuten den gleichen Effekt wie 100 Ruderschläge. Lachen reduziert den Stresshormonpegel und schüttet Beta-Endorphine aus, die die Stressreaktion neutralisieren.

DEM STRESS VORBEUGEN

Richtig dosiert, kann Stress durchaus positive Seiten haben, spornt er doch zu körperlichen und geistigen Höchstleistungen an. Er ist somit eine wichtige Quelle für Erfolg, Glücksempfinden und Zufriedenheit. Erst ein Zuviel belastet den Organismus. Wie ein Mensch auf Stress reagiert, ist übrigens zu 30 bis 40 Prozent genetisch festgelegt. Den Rest haben wir durch Erfahrung gelernt. Lassen Sie nicht zu, dass Hektik die biologischen Programme Ihres Körpers überrollt. Gelassenheit lässt sich trainieren, zum Beispiel indem Sie regelmäßig Atemübungen machen oder eine Entspannungsmethode erlernen (wie Qi Gong oder Yoga).

Wie beeinflusst Licht unser Gewicht?

Kennen Sie das auch? An langen dunklen Wintertagen zieht es Sie immer wieder wie magisch zum Schränkchen oder der Schublade mit den Süßigkeiten. Im Sommer oder im Urlaub unter südlicher Sonne dagegen ist diese Lust wie weggeblasen. Wundern Sie sich nicht, es sind mal wieder Ihre Hormone am Werk.

Sobald die Tage kürzer werden und die Sonne mit geringerer Kraft scheint, verdunkelt sich bei vielen Menschen auch die Seele. Wissenschaftler nennen dieses Leiden deshalb Winterdepression. Mit der Schwermut tritt bei einigen Betroffenen – und das sind gar nicht so wenige – ein nahezu unstillbares Verlangen nach kohlenhydratreicher Nahrung auf, wie Brot, Bananen, Nudeln oder Kartoffeln und vor allem nach Süßigkeiten.
Schuld an dem melancholischen Heißhunger ist das Schlafhormon Melatonin, das normalerweise durch Licht in Schach gehalten wird. Das schwächere Tageslicht während der Wintermonate reicht bei manchen von uns einfach nicht aus, um den Melatoninspiegel ausreichend niedrig zu halten.

So schlagen Sie dem Winterspeck ein Schnippchen

Wenn Sie wissen, dass Sie in den Wintermonaten gern und oft zu Süßem greifen und dadurch rasch ein paar Kilos ansetzen, sollten Sie unbedingt vorbeugen:

- Gegen eine milde Winterdepression gibt es ein einfaches und kostenloses Rezept: Gehen Sie den ganzen Winter hindurch einmal täglich mindestens eine halbe Stunde bei Tageslicht ins Freie (beispielsweise in der Mittagspause). Das Sonnenlicht schickt Botenstoffe in Umlauf, die im Gehirn das gleiche wohlige Gefühl erzeugen wie Süßes. Setzen Sie dabei keine Sonnenbrille auf, damit die Netzhaut möglichst viel Licht auffangen kann. Erwägen Sie außerdem einen Winterurlaub in südlichen Gefilden, um richtig viel Sonne zu tanken. Und: Tageslichtlampen, die in einem ähnlichen Wellenlängenbereich strahlen wie Sonnenlicht, können der Winterdepression ebenfalls vorbeugen.
- Bei schweren Fällen ist eine »echte« Therapie angesagt. Dazu müssen Sie sich täglich zwei bis drei Stunden vor einer Speziallampe mit hoher Beleuchtungsstärke aufhalten. Erkundigen Sie sich in einem guten Beleuchtungsfachgeschäft. Am besten stellen Sie die Lampe einfach auf Ihren Schreibtisch – möglichst so, dass Sie immer wieder einen direkten Blick hinein werfen können.

Mit Sport gegen die Pfunde

Einige unserer Körperzellen funktionieren wie kleine Kraftwerke. Ihr Treibstoff sind freie Fettsäuren und Zucker, die in den Zellen in spezielle Energieeinheiten umgewandelt werden. Während Zucker sowohl mit als auch ohne Sauerstoff verbrannt werden kann, können die Fette nur mit Hilfe von Sauerstoff als Treibstoff verbraucht werden. Damit unser Organismus also überhaupt Fett verbrennen kann, muss ausreichend Sauerstoff in den Zellen vorhanden sein. Und dafür können Sie einiges tun:

- Gewöhnen Sie sich an, tief und langsam zu atmen, um das lebenswichtige Gas wirkungsvoll in den Organismus zu pumpen.
- Rauchen Sie nicht, und meiden Sie auch Passivrauchen. Rauch behindert ganz entscheidend den Transport von Sauerstoff in die Lungen.
- Halten Sie sich möglichst viel im Freien auf, lüften Sie Ihre Wohnung und Ihr Büro gut, und schlafen Sie nachts – sofern es nicht zu kalt ist – bei geöffnetem Fenster.
- Treiben Sie Sport. Bei Bewegung wird der aufgenommene Sauerstoff vollständiger ins Gewebe abgegeben als in Ruhe. Besonders gut funktioniert dies übrigens im Winter, wenn die Luft kalt ist.
- Setzen Sie zwar auf Ausdauersport (Laufen, Radfahren), überanstrengen Sie sich aber nicht. Wenn Sie Ihren Muskeln zu viel zumuten, gerät der Sauerstoffnachschub ins Stocken, und der Körper schaltet auf eine sauerstofffreie Zerlegung des Zuckers um. Folge: Fett bleibt Fett – und Sie bekommen einen ziemlich kräftigen Muskelkater.
- Trainieren Sie mindestens eine halbe Stunde lang. Der Körper verbrennt nämlich zuerst einmal die im Blut zirkulierenden Zucker – das ist ökonomischer und liefert schneller Energie. Erst wenn die Zuckerreserven sich neigen, geht es an die Fette.
- Die Vorliebe der Muskelzellen, Fett als Energiequelle zu nutzen, lässt sich regelrecht antrainieren. Der beste Weg: Bewegen Sie sich regelmäßig.

Stoffwechsel optimieren durch Training

Bewegung baut nicht nur Fett ab und schenkt Ihnen kräftige Muskeln. Auch Ihr ganzer Stoffwechsel wird perfekt eingestellt, und dadurch wiederum wird die Nahrung optimal verwertet – ein unschätzbares Plus für Figur und Gesundheit.

Sport bringt sogar einen entgleisten Energiestoffwechsel wieder ins Lot. Dabei reicht es schon aus, täglich 30 bis 60 Minuten flott spazieren zu gehen. Das optimiert die Fettverbrennung in der Zelle und beugt den ungünstigen Fetteinlagerungen in der Muskulatur vor. Außerdem reguliert sich bei Bewegung das Hunger- und Sättigungsempfinden, und Sie essen automatisch weniger.

MEHR SPORT, WENIGER HUNGER

Mit ausreichender Bewegung können Sie auch Ihr Ernährungsverhalten umprogrammieren. Regelmäßiger Sport sorgt für eine figurfreundlichere Ernährung: Sie essen automatisch mehr Kohlenhydrate und weniger Fett; langfristig wird so ein gesundes Gewicht stabilisiert.

Der Grund für dieses hochwillkommene Phänomen: Durch regelmäßiges Training gelangt das Fett direkt an die Mitochondrien, die Verbrennungsöfen unserer Zellen. Dort kann es abgefackelt werden. Beim untrainierten Muskel hingegen wird das Fett überwiegend im Bereich der Zellmembran abgelagert. Dort wird es erstens nicht verbrannt und behindert außerdem noch die Zuckeraufnahme in die Zelle. Der Zucker bleibt dadurch im Blut und lockt das Insulin noch stärker (siehe Seite 34). Mit der Zeit werden die Zellen sogar gänzlich insulinresistent, weshalb immer mehr Insulin ausgeschüttet wird. Dies wiederum begünstigt die Einlagerung von Fett in die Zellen, ein Teufelskreis beginnt.
Ein anderer wichtiger Aspekt: Sport verbessert die Fähigkeit des Körpers, Sauerstoff aufzunehmen. So verfügt eine etwa 40-jährige untrainierte Frau über eine maximale Sauerstoffaufnahmefähigkeit von rund 2,1 Liter Sauerstoff/Minute. Durch regelmäßiges Ausdauertraining kann dieser Wert auf etwa 4 bis 5 Liter gesteigert werden. Und Sie wissen ja: Mehr Sauerstoff bedeutet mehr Fettverbrennung.

GU-ERFOLGSTIPP

Sie lieben Süßigkeiten und können oder wollen einfach nicht darauf verzichten? Dann naschen Sie wenigstens zum richtigen Zeitpunkt – und der ist kurz nach dem Training. Nach einer sportlichen Belastung wird in der arbeitenden Muskulatur nämlich auch ohne Insulin ein Hilfstransporter gebildet, der den Zucker ohne Umwege in die Zellen befördert: der GLUT-4-Carrier.
Bis zu zwei Stunden können Sie im Anschluss an das Workout Süßes essen, ohne dass es zu dem verhängnisvollen Insulinszenario kommt, bei dem der Fettabbau gehemmt und somit Übergewicht Vorschub geleistet wird (siehe dazu auch die Illustrationen auf Seite 34 f.). So großartig dies jedoch auch klingt – an eines müssen Sie trotzdem denken: Die Kalorienbilanz als solche wird durch den GLUT-4-Carrier nicht beeinflusst. Was Sie über Ihren täglichen Bedarf hinaus essen, müssen Sie an anderer Stelle einsparen. Sonst legen sich die ungeliebten Pfunde weiterhin um die Hüften.

Setzen Sie auf Cross-Training

Um durch Sport Fett abzubauen und zur Idealfigur zu finden, ist Cross-Training – also die Kombination aus Ausdauertraining, Muskeltraining und Stretching – genau das richtige Rezept. Es funktioniert aus drei Gründen:

1. Durch moderates Ausdauertraining wie Jogging, Langlaufen, Inlineskaten oder Radfahren verbrennt Ihr Körper Fett.
2. Durch Krafttraining bauen Sie Muskeln auf. Und die sind die wichtigsten Verbündeten beim Abnehmen. Muskeln sind wie Hochöfen, sie helfen Ihnen dabei, mehr Kalorien zu verbrennen und sogar im Ruhezustand noch Kalorien abzufackeln.
   Ohne regelmäßiges Krafttraining wird Ihr Stoffwechseltempo dagegen immer langsamer. Nach und nach werden immer weniger Kalorien verbrannt. Einer Studie zufolge verlieren Frauen, die kein Krafttraining machen, alle zehn Jahre etwa drei Kilogramm Muskelmasse. Im Alter zwischen 30 und 80 nimmt dadurch die allgemeine Kraft der Rücken-, Arm- und Beinmuskeln um bis zu 60 Prozent ab. Zudem verbrennen Sie mindestens 350 Kalorien pro Tag weniger. Abgesehen von den altersbedingten Veränderungen ist die nachlassende Fitness der Hauptgrund für den Kraftabbau.
   Zahlreiche Forschungsergebnisse sprechen übrigens dafür, dass Sie auch in fortgeschrittenem Lebensalter noch Muskeln aufbauen und halten können. Sicher kennen auch Sie fitte Oldies mit wohlgeformten Muskeln. Es ist also nie zu spät anzufangen.
3. Durch Stretchingübungen, Pilates oder Yoga halten Sie Ihren Körper geschmeidig. Sie beugen damit Verletzungen an Muskeln und Sehnen vor und sehen überdies jugendlicher aus.

TIPP

Ideale Ausdauersportarten, um Fett zu verbrennen, sind Joggen, Radfahren, Schwimmen, Rudern, Skilanglauf, Aerobic, Steppen und Walken. Auch Seilhüpfen ist ein tolles Stoffwechseltraining für Vielbeschäftigte und -reisende, weil es in nahezu jedem (Hotel-)Zimmer durchgeführt werden kann. Außerdem passt ein Seil in jede Aktentasche.

Fettabbau durch Ausdauertraining

Das Wichtigste vorweg: Trainieren Sie lange genug. Um Körperfett zu verbrennen, sollte Ihre Trainingseinheit mindestens 25 Minuten andauern. Davor werden in erster Linie die Kohlenhydratspeicher in der Leber und in den Muskeln entleert. Übertreiben Sie es aber (vor allem anfangs) nicht: Dauert das Training länger als eine Stunde, verbrennt der Körper bei schlechtem

Trainingszustand vermehrt Muskelmasse (Proteine). Dadurch verlieren Sie Ihre mühsam erarbeitete Muskelsubstanz wieder. Und Ihr Grundumsatz sinkt – genau das, was Sie nicht wollen.

Die richtige Trainingsintensität

Eine gute Richtlinie dafür, dass Sie intensiv genug trainieren, ist die Atmung. Wenn Sie kräftig ein- und ausatmen und trotzdem noch sprechen können, liegen Sie gut im Rennen. Noch besser ist es, wenn Sie sich zusätzlich ein Pulsmessgerät zulegen. Die optimale Herzfrequenz zur Fettverbrennung liegt zwischen 55 und 65 Prozent der maximalen Herzfrequenz. Diese beträgt bei Frauen 226 minus Lebensalter, bei Männern 220 minus Lebensalter.

WICHTIG
Die Intensität einer sportlichen Betätigung hat den größten Einfluss auf den Kalorienverbrauch. Und der steigt überproportional zur Belastungsintensität: Wenn Sie Ihr Tempo verdoppeln, vervierfachen Sie beinahe Ihren Energieverbrauch.

Der richtige Trainingszeitpunkt

In puncto Fettverbrennung ist es besonders günstig, wenn Sie Ihr Ausdauertraining auf nüchternen Magen durchführen, zum Beispiel vor dem Frühstück. Die Glykogenreserven (das sind die Zuckerspeicher in der Leber) sind nämlich über Nacht nahezu entleert worden, um die so genannten Vitalfunktionen, also Atmung, Stoffwechsel und Gehirntätigkeit, zu sichern. Wenn Sie vor dem Training nichts essen, bleibt dem Körper gar nichts anderes übrig, als auf Fettverbrennung umzuschalten. Weiteres Plus: Die beim Sport ausgeschütteten Hormone bringen Sie auch psychisch in Hochform. Beobachten Sie aber, ob Ihnen das morgendliche Training wirklich gut tut oder ob es Ihnen nicht zu viel Energie für Ihren Tag wegnimmt.

Krafttraining für mehr Muskeln

Mit Kraftsport lassen sich Muskeln ganz gezielt aufbauen. Dadurch formen Sie nicht nur Ihre Figur, sondern beugen zugleich auch Schäden am Bewegungsapparat vor. Am effektivsten ist das Workout unter professioneller Anleitung in einem Fitnessstudio: Schon in den ersten Wochen nimmt die Kraft spürbar zu – vorausgesetzt, Sie trainieren konsequent zwei- bis dreimal pro Woche. Nach etwa einem Monat stellen sich bei diesem Pensum dann auch sichtbare Erfolge ein. Da Zeit in unserer Gesellschaft –

und gerade für Frauen um die 40 – jedoch häufig Mangelware ist, fällt es nicht immer leicht, tatsächlich regelmäßig ins Fitnessstudio zu gehen. Für viele Frauen ist es deshalb einfach praktischer, zu Hause zu trainieren. So lassen sich einzelne »Trainingshäppchen« gut in den Tagesablauf einbauen (siehe Seite 78 ff.).

Ihr persönliches Trainingsprogramm

Beim Laufen und Radfahren werden Beine und Po zwar gut trainiert, für den Oberkörper sieht es dagegen eher schlecht aus. Sie können jedoch ohne großen Aufwand täglich etwas für diese Muskelpartien tun. Ein positiver Nebeneffekt: Gut trainierte Arme sind ein hervorragender Schutz vor Oberschenkelhals- und Hüftbrüchen, da Sie sich gut abstützen können, falls Sie einmal fallen. Wenn Sie schnell Erfolge sehen wollen, legen Sie sich ein Paar Kurzhanteln zu. Wählen Sie als Anfänger kein zu hohes Gewicht: 500 bis 1000 Gramm sind genug. Führen Sie außerdem alle Hantelübungen langsam und gleichmäßig aus, ohne Schwung zu holen. Atmen Sie beim Krafteinsatz (also wenn Sie die Muskeln anspannen) aus, bei der Entspannung wieder ein.

Stretching hält beweglich

Dehnen bereitet die Muskeln auf die sportliche Belastung vor. Nach dem Workout fährt es den Körper dann wieder auf die normale Betriebstemperatur herab. Und: Es hält den ganzen Körper gelenkig – und wer beweglich ist, wirkt automatisch auch jünger.

MUSKELN UND GEWICHT

Muskeln sind schwerer als Fett. Deshalb sieht Ihr Körper bedeutend schlanker aus, wenn Sie fünf Kilogramm Fett durch fünf Kilo Muskeln ersetzen. Denn Ihr Körperumfang reduziert sich dadurch deutlich. Wichtiger als eine Gewichtsabnahme ist also eine Verbesserung des Fett-Muskel-Verhältnisses. Auch nicht unwichtig: Je besser Ihre Muskulatur ausgebildet ist, desto aufrechter ist Ihre Haltung. Und das macht optisch noch ein paar Pfund schlanker.

TIPP

Power-Walken garantiert alle gesundheitlichen Vorteile des Laufens, wie zum Beispiel die Stärkung von Bewegungsapparat, Kreislauf und Immunsystem, den Abbau schädlicher Blutfette und Stresshormone. Es ist allerdings weniger riskant für Ihre Gelenke. Und wer untrainiert ist, nimmt mit Walken schneller ab als beim Joggen.

Das 40+-Übungsprogramm

Mit dem folgenden Kurzprogramm zum Muskelaufbau können Sie gezielt etwas für die vernachlässigten Muskelpartien an Schultern, Armen und Brust tun. Alle Übungen können Sie ohne großen Aufwand in Ihren Tagesablauf einbauen. Damit Sie einen optimalen Trainingserfolg erzielen, sollten Sie dabei die folgenden Ratschläge unbedingt beherzigen:

- Am besten kaufen Sie sich gleich zwei Paar Hanteln. Legen Sie eines davon zu Hause neben den Fernseher. Das andere nehmen Sie mit in die Arbeit und deponieren es in Ihrem Schreibtisch. Denn die Übungen können Sie locker auch im Büro machen – zum Beispiel wenn Sie eine Denkpause brauchen.
- Das Muskeltraining kostet Sie zweimal pro Woche je 30 Minuten (inklusive Dehnen). Dazu kommen noch zwei- bis dreimal wöchentlich etwa 30 Minuten Ausdauertraining. Das ist das Minimum, das Sie sich wert sein sollten. Starten Sie mit diesem Kurzprogramm. Wahrscheinlich bekommen Sie ohnehin bald Lust auf mehr. Dann können Sie sich ein gutes Fitnessstudio in Ihrer Nähe suchen. Wenn Sie auch weiterhin lieber zu Hause üben wollen, kaufen Sie eine gute CD oder DVD zum Nachturnen. Planen Sie auch dafür eine feste Zeit ein.
- Wärmen Sie sich vor den Übungen durch leichte Dehn- und Streckübungen auf (siehe rechte Seite und Seite 76 f.). Führen Sie die Übungen korrekt und langsam aus. Dann zeigen sie die beste Wirkung, und Sie vermeiden Verletzungen.
- Eine bis eineinhalb Stunden vor dem Training sollten Sie nichts mehr essen.
- Planen Sie feste Termine für Ihr Training ein. Am besten notieren Sie diese in Ihrem Terminkalender. Nur dann werden Sie sie auch einhalten.
- Bedenken Sie, dass Muskeln nicht beim, sondern nach dem Training wachsen. Sorgen Sie daher für ausreichend Erholungspausen und trainieren Sie nicht täglich. Zu lange Trainingsintervalle führen zu einem Verlust an Kraft und Muskelmasse.
- Trinken Sie während eines längeren Trainings etwa eineinhalb Liter Wasser. Die Muskelzellen laufen unter der Beanspru-

TIPP

Gehen Sie einmal in Gedanken Ihren Alltag durch. Sicher finden Sie die eine oder andere Gelegenheit für Ihr persönliches Muskeltraining. Sie müssen Ihre Hanteln nur an den richtigen Stellen deponieren. Übrigens: Auf längeren Autofahrten sollten Sie ebenfalls ein Paar Hanteln im Kofferraum dabeihaben. Machen Sie zwischendurch regelmäßig Pausen, um damit zu trainieren. Auf diese Weise kommen Sie garantiert frischer und weniger verspannt an.

chung nämlich ziemlich heiß und benötigen »Kühlflüssigkeit«. Sonst macht der Körper schlapp.

- Ersetzen Sie nach dem Training die durch den Schweiß verloren gegangenen Mineralstoffe wieder durch eine Fruchtsaftschorle (1 Teil Saft, 2 Teile Mineralwasser).
- Ein kurzer Schlaf nach dem Training unterstützt den Muskelaufbau, weil dabei vermehrt Wachstumshormone ausgeschüttet werden (siehe Seite 46 f.).

Und jetzt können Sie loslegen! Am besten fangen Sie gleich mit der ersten Trainingseinheit an.

Erstmal lockern

Beginnen Sie Ihr Muskeltraining immer mit Lockerungs- und Dehnübungen, vor allem wenn Sie sehr verspannt sind. Räkeln und strecken Sie Ihren Körper dabei in alle Richtungen, gähnen Sie, kreisen Sie mit den Schultern, und schütteln Sie Arme und Beine aus.

Schütteln Sie sich den Stress ab

- Stellen Sie sich ohne Schuhe hin, die Füße hüftbreit auseinander. Spüren Sie, wie Sie im Augenblick im Leben stehen, ob Sie aufrecht stehen, schwanken oder nach vorn oder hinten geneigt sind. Nehmen Sie Ihren ganzen Körper wahr. Wo sind Spannungen? Wie fließt Ihr Atem? Wie sind Kälte und Wärme verteilt? Verwurzeln Sie sich nun mit Ihren Füßen im Boden.
- Beginnen Sie, den Körper nach unten auszuschütteln, indem Sie leicht in die Knie und wieder zurück gehen und die Arme dabei nach unten schütteln. Machen Sie die Bewegung zunächst ganz langsam. Lassen Sie auch im Gesicht los (Kiefer!). Atmen Sie gleichmäßig und tief in den Bauch. Nach kurzer Zeit hat sich Ihr persönlicher Atemrhythmus eingependelt. Jetzt können Sie etwas schneller werden. Erleben Sie, wie aller Ballast von Ihnen fällt und wie sich Muskeln und Gefühle lockern.
- Machen Sie 10 Minuten auf diese Weise weiter. Bleiben Sie danach noch einen Augenblick ruhig stehen, und spüren Sie, was sich in Ihrem Körper verändert hat.

TIPP
Das ausgiebige Schütteln eignet sich auch sehr gut als Lockerungsübung vor einem wichtigen Termin.

1

2

Nicht vergessen: Dehnen

Um die Muskeln noch ein wenig mehr aufzuwärmen, wird nach dem Lockern kurz gedehnt. Aber auch nach dem Training ist Dehnen wichtig. Sie beschleunigen dadurch den Abtransport der beim Sport vermehrt anfallenden Stoffwechselschlacken und ziehen die beanspruchte Muskulatur wieder in ihre ursprüngliche Länge.

Dehnübung 1

› Stellen Sie sich aufrecht hin und strecken Sie den rechten Arm in Brusthöhe vor dem Körper aus. Umfassen Sie mit dem linken Unterarm den rechten Oberarm; dabei wird der rechte Arm an den Körper herangezogen. Beugen Sie nun den rechten Unterarm so, dass er mit dem Oberarm einen 90-Grad-Winkel bildet. Der linke Unterarm liegt am rechten.

1 › Ziehen Sie jetzt das rechte Schulterblatt nach unten, und drücken Sie gleichzeitig den rechten Arm mit dem linken Unterarm an den Körper. Schließen Sie die Augen, und spüren Sie, wie es im Schulter-Nacken-Bereich so richtig zieht.

› Halten Sie die Dehnung etwa 30 Sekunden aufrecht, und wechseln Sie dann die Arme. Wiederholen Sie die Übung auf jeder Seite 3-mal.

Dehnübung 2

› Heben Sie den linken Arm nach oben, und führen Sie ihn weit nach hinten. Beugen Sie ihn an, und legen Sie die Hand zwischen den Schulterblättern ab. Der Ellbogen zeigt nach oben.

2 › Umfassen Sie mit der rechten Hand den linken Ellbogen. Führen Sie diesen zuerst etwas nach hinten, dann zur Mitte, bis die linke Achsel weit gedehnt ist. Zuletzt drücken Sie den Ellbogen nach unten. Halten Sie die Position, so lange es Ihnen angenehm ist, und atmen Sie dabei tief in die rechte Flanke.

› Dehnen Sie anschließend genauso die andere Seite. Wiederholen Sie die Übung auf jeder Seite 3-mal.

Dehnübung 3

› Stellen Sie sich mit schulterbreit geöffneten Beinen hin. Die Knie sind leicht angewinkelt. Stützen Sie eine Hand in die Taille ab, den anderen Arm strecken Sie hoch über den Kopf.

3 › Ziehen Sie sich langsam aus der Taille heraus zur Seite. Der gestreckte Arm zieht über den Kopf.

› 10 bis 15 Sekunden halten, dann auf der anderen Seite wiederholen. Insgesamt auf jeder Seite 6-mal wiederholen.

VARIANTE: Strecken Sie beide Arme nach oben, und biegen Sie sich aus der Taille abwechselnd nach rechts und links; nicht nach vorn biegen und nicht mit der Hüfte zur Gegenseite ausweichen.

TIPP

Federn Sie nicht nach, sondern verweilen Sie in der Dehnung. Atmen Sie dabei tief und ruhig weiter; halten Sie nicht die Luft an.

3

1

2

Das Oberkörper-Krafttraining

Denken Sie daran: Ihre wichtigsten Verbündeten im Kampf gegen die Pfunde sind Muskeln, Muskeln und nochmals Muskeln. Sie sind die unübertroffenen Fatburner, die praktisch nonstop arbeiten – auch nachts, wenn Sie schlafen. Worauf warten Sie also noch? Schnappen Sie sich zwei Hanteln (500 bis 1000 Gramm) und beginnen Sie mit dem Training!

Unterarm trainieren

› Setzen Sie sich aufrecht auf einen Stuhl vor dem Schreib- oder Esstisch. Legen Sie den Unterarm mit der Handfläche nach oben auf die Tischplatte. Das Handgelenk soll so auf der Kante aufliegen, dass sich die Hand frei nach oben und unten bewegen kann und mit dem Unterarm eine Linie bildet.

1 › Nehmen Sie eine Hantel, und beugen Sie die Hand langsam in Richtung Oberarm und wieder zurück, bewegen Sie dabei den Unterarm nicht. Wiederholen Sie die Übung 8-mal pro Arm.

› Wechseln Sie nun die Armposition, sodass die Handfläche nach unten zeigt, und wiederholen Sie die Übung.

Schultermuskeln 1

› Nehmen Sie die Hanteln in die Hände. Stellen Sie sich mit gegrätschten Beinen hin, beugen Sie die Knie leicht, und blicken Sie nach vorn. Ziehen Sie die Schultern nach hinten unten, und spannen Sie die Bauchmuskeln an. Die Arme hängen seitlich leicht gebeugt nach unten.

2 › Spannen Sie nun die Arme an, und führen Sie sie seitlich nach oben bis auf Schulterhöhe und zurück. Die Ellbogen sind dabei etwas angewinkelt. Halten Sie die Spannung.

› Wiederholen Sie die Übung in 3 Sätzen zu je 15 Übungen mit jeweils 1 Minute Pause.

VARIANTE: Diese Übung können Sie auch im Sitzen durchführen.

Schultermuskeln 2

› Stellen Sie sich hüftbreit hin, die Knie sind leicht gebeugt. Spannen Sie Bauch- und Pomuskeln an, und achten Sie darauf, dass Sie in den Schultern nicht verkrampfen.

› Nehmen Sie in jede Hand eine Hantel, und heben Sie die Arme seitlich bis auf Schulterhöhe in die U-Haltung: Die Unterarme zeigen senkrecht nach oben, zwischen Ober- und Unterarm bildet sich ein rechter Winkel.

3 › Drehen Sie nun die Unterarme möglichst weit nach unten, und gehen Sie dann langsam wieder in die U-Haltung zurück. Die Oberarme und Ellbogen bleiben dabei in Schulterhöhe; nur die Unterarme bewegen sich.

› Wiederholen Sie die Übung in 3 Sätzen zu je 15 Übungen mit jeweils 1 Minute Pause.

TIPP

Die einfachste Möglichkeit, die Schultern zwischendurch zu lockern und so schmerzhafte Verspannungen zu vermeiden: Beide Schultern zu den Ohren ziehen, die Position kurz halten und dann ganz bewusst wieder locker lassen.

3

Brustmuskeln 1

› Stellen Sie sich aufrecht und bequem hin. Legen Sie die Handflächen vor der Brust aneinander. Führen Sie die Ellbogen nach vorn oben, bis sie sich fast auf Schulterhöhe befinden. Ziehen Sie die Schulterblätter nach unten zusammen. Heben Sie die Brust nach oben, ohne ins Hohlkreuz zu fallen.

1 › Pressen Sie nun die Handwurzeln kräftig gegeneinander. Halten Sie die Position etwa 15 Sekunden. Atmen Sie dabei ruhig und gleichmäßig weiter. Wiederholen Sie die Übung 6-mal.

VARIANTE: Sie können die Übung auch im Sitzen ausführen – entweder im Schneidersitz auf dem Boden oder auf einem Stuhl.

Brustmuskeln 2

Diese Übung bringt Ihre Brustmuskeln auf Vordermann. Und sie hat noch einen weiteren Vorteil: Eine straffe Brustmuskulatur tut nämlich auch Ihrem Busen und Rücken richtig gut.

› Stellen Sie sich hin; in jeder Hand halten Sie eine Hantel. Winkeln Sie die Arme vor dem Körper im 90-Grad-Winkel an. Ellbogen und Oberarme befinden sich etwa auf Schulterhöhe. Die Unterarme so aneinander legen, dass die Daumen nach außen zeigen.

2 › Öffnen Sie die Unterarme etwa 40 Zentimeter, und führen Sie sie dann wieder zusammen. Machen Sie diese Bewegung ganz langsam und mit angespannten Muskeln. Achten Sie darauf, dass die Ellbogen immer auf Schulterhöhe bleiben und die Unterarme senkrecht gestellt sind.

› Wiederholen Sie die Übung in 3 Sätzen zu je 15 Übungen mit jeweils 1 Minute Pause.

Armmuskulatur 1

› Setzen Sie sich aufrecht auf einen Stuhl, und halten Sie mit gerade nach vorn ausgestreckten Armen und leicht nach außen gedrehten Handflächen in jeder Hand eine Hantel.

3 › Beugen Sie nun den Unterarm bis auf Schulterhöhe an, und strecken Sie anschließend Arme und Gewichte wieder in die Ausgangsposition; nur der Unterarm arbeitet.

› Wiederholen Sie die Übung in 3 Sätzen zu je 15 Übungen mit jeweils 1 Minute Pause.

Armmuskulatur 2

› Setzen Sie sich aufrecht auf einen Stuhl. Halten Sie mit nach unten gestreckten Armen und parallel zueinander zeigenden Handflächen in jeder Hand eine Hantel.

4 › Winkeln Sie die Arme an, bis die Hände auf Schulterhöhe sind. Halten Sie die Hantel dabei so, als hätten Sie einen Hammer in der Hand. Senken Sie das Gewicht langsam wieder in die Ausgangsposition. Halten Sie die Ellbogen während der Bewegung dicht am Körper.

› Wiederholen Sie die Übung in 3 Sätzen zu je 15 Übungen mit jeweils 1 Minute Pause.

WICHTIG
Führen Sie alle Kraftübungen ohne Schwung aus. Nur wenn Sie ganz bewusst mit den Muskeln arbeiten, können diese auch wachsen.

1

2

Nackenmuskulatur und oberer Rücken

1 › Nehmen Sie in jede Hand eine Hantel, und stellen Sie sich mit leicht gegrätschten Beinen auf. Ziehen Sie die Schultern etwas nach hinten unten und spannen Sie die Bauchmuskulatur an. Bringen Sie die Arme in die U-Haltung: Dabei sind die Ellbogen seitwärts auf Schulterhöhe angehoben und die Unterarme senkrecht aufgestellt.

› Strecken Sie die Arme nun unter Spannung nach oben, und führen Sie die Hanteln über dem Kopf zusammen. Anschließend die Arme wieder zurück in die U-Haltung führen.

› Wiederholen Sie die Übung in 3 Sätzen zu je 15 Übungen mit jeweils 1 Minute Pause.

Trizeps und oberer Rücken

› Setzen Sie sich aufrecht hin, nehmen Sie in jede Hand eine Hantel, und strecken Sie die Arme senkrecht nach oben, die Handflächen zeigen zueinander.

2 › Senken Sie nun das Gewicht so weit wie möglich hinter den Kopf herab; die Ellbogen zeigen dabei nach oben. Drücken Sie anschließend die Hanteln vom tiefsten Punkt der Bewegung wieder bis zur vollen Streckung der Arme nach oben.

› Wiederholen Sie die Übung in 3 Sätzen zu je 15 Übungen mit jeweils 1 Minute Pause. Die Übung trainiert neben dem Rücken den Trizeps und kann auch einarmig durchgeführt werden.

Bizeps

› Nehmen Sie in jede Hand eine Hantel, und stellen Sie sich etwa hüftbreit gegrätscht hin. Die Haltung ist aufrecht; fallen Sie nicht ins Hohlkreuz. Der Bauch ist angespannt, die Schultern sind leicht nach hinten unten gezogen. Lassen Sie die Arme nach unten hängen, die Ellbogen sind dabei nicht ganz durchgestreckt. Halten Sie die Hanteln so, dass die Handrücken nach unten zeigen. Fixieren Sie die Oberarme am Oberkörper.

3 › Führen Sie den Unterarm erst an den Oberarm heran, und gehen Sie dann langsam wieder zurück. Strecken Sie die Arme dabei nicht ganz, und halten Sie die Spannung im Muskel die ganze Zeit über aufrecht.

› Wiederholen Sie die Übung in 3 Sätzen zu je 15 Übungen mit jeweils 1 Minute Pause. Am besten in Kombination mit der vorangegangenen Trizeps-Übung (siehe linke Seite).

3

Oberarme

› Machen Sie mit dem linken Bein einen kurzen Ausfallschritt nach vorn und gehen Sie leicht in die Knie. Beugen Sie den Oberkörper etwas nach vorn. Fassen Sie mit der linken Hand eine Hantel, und winkeln Sie den linken Arm an. Der Oberarm liegt dabei dicht am Köper. Mit der rechten Hand stützen Sie sich auf dem linken Oberschenkel ab.

4 › Führen Sie nun den linken Unterarm langsam und unter Spannung nach hinten, bis er ganz gestreckt ist. Das Handgelenk bleibt dabei in einer Linie mit dem Unterarm. Dann führen Sie den Unterarm zurück in die Ausgangsstellung. Der Oberarm bewegt sich während der gesamten Übungsausführung nicht und bleibt stets möglichst dicht am Körper.

› Wiederholen Sie die Übung in 3 Sätzen zu je 15 Übungen mit jeweils 1 Minute Pause.

4

Problemzone Bauch

Es gibt wohl kaum eine Frau, die am Bauch und an der Taille nicht gerne ein paar Zentimeter weniger Umfang hätte. Wenn auch Sie etwas gegen die ungeliebten Speckröllchen tun wollen, sollten Sie es einmal mit Pilates versuchen. Die sehr wirksamen Übungen dieser Methode zielen allesamt darauf ab, den Rumpf (das so genannte Powerhouse) zu kräftigen. Dazu verbindet die Gymnastik das Training der Beckenboden-, Bauch- und Rückenmuskulatur mit einer tiefen und bewussten Atmung.

Schon nach zwei Wochen können Sie die fabelhafte Wirkung von Pilates an der eigenen Muskulatur spüren und sehen. Indem Sie die »Mitte« formen und stabilisieren, wird nämlich nicht nur der Bauch immer flacher, Sie haben auch eine anmutigere Silhouette und einen jugendlich-elastischen Gang. Kurzum: Sie dürfen sich nicht nur über eine bessere Figur freuen, sondern Sie haben einfach mehr Ausstrahlung.

Wenn Sie sich selbst von der Wirkung dieses »Wundertrainings« überzeugen wollen, müssen Sie nicht lange warten. Auf den folgenden Seiten lernen Sie fünf Übungen kennen, mit denen Sie gezielt Ihre Bauchmuskulatur kräftigen und dabei die Fettverbrennung ankurbeln können – ganz ohne aufwändige Hilfsmittel. Ziehen Sie einfach bequeme Kleidung an, legen Sie eine Gymnastikmatte bereit, und schon kann es losgehen.

STRAFFER BAUCH

In den meisten Fällen reichen die vorgestellten Pilatesübungen für ein wirksames Bauchmuskeltraining. Es schadet jedoch nicht, sie mit anderen Bauch-Workouts zu kombinieren (z. B. Situps). Empfehlenswert ist dies vor allem dann, wenn Sie das Gefühl haben, »bauchmäßig« nicht mehr richtig weiterzukommen.

GU-ERFOLGSTIPP

Sie machen Yoga, wollen es jetzt aber trotzdem gerne einmal mit Pilates versuchen? Kein Problem, die Übungen ergänzen sich sehr gut. Achten Sie jedoch darauf, dass zwischen den Yoga- und Pilateseinheiten eine ausreichend lange Trainingspause liegt (etwa ein halber Tag). Der Grund: Bei Yoga ist Bauchatmung angesagt, Pilates dagegen setzt auf Brustkorbatmung. Sie atmen also regelrecht gegenläufig. Und wenn Sie dies unmittelbar nacheinander tun, überlasten Sie die Atemmuskulatur und nehmen den Übungen einen Teil ihrer Wirksamkeit. Ideal: Morgens Yoga, abends Pilates – oder umgekehrt.

1

2

TIPP
Die Übung fällt leichter, wenn Sie sich vorstellen, Sie würden beim Ausatmen einen Reißverschluss zwischen Beckenboden und Brustbein schließen.

Das Pilates-Bauch-Programm

Vorübung »Breathing«

› Legen Sie sich auf den Rücken, die Beine sind gebeugt und hüftbreit geöffnet. Beide Füße stehen flach auf dem Boden, die Hände liegen seitlich am Brustkorb.

1 › Atmen Sie tief durch die Nase ein, und spüren Sie, wie sich der Brustkorb seitlich an Ihre Hände drückt.

2 › Atmen Sie fest durch den Mund aus; spüren Sie, wie Ihre Rippen weicher und Ihr Bauch flacher werden.

› Wiederholen Sie diese Übung 3- bis 5-mal.

TIPP
Wenn Sie Probleme mit der Halswirbelsäule haben, verschränken Sie die Hände im Nacken. Die Ellbogen zeigen dabei nach außen.

Abdominal Preparation

1
- Legen Sie sich auf den Rücken. Die Beine sind gebeugt und hüftbreit geöffnet, die Füße stehen flach auf dem Boden, die Arme liegen neben dem Körper. Der Blick geht zur Decke.
- Ziehen Sie einatmend Ihr Kinn leicht zur Brust.

2
- Beim Ausatmen heben Sie Kopf und Schultern Wirbel für Wirbel vom Boden. Heben Sie gleichzeitig die Arme an: Hände und Schultergelenk sind auf einer Linie, das Kinn ist parallel zur Brust.
- Atmen Sie tief ein und aus.
- Atmen Sie noch einmal ein. Dann rollen Sie sich ausatmend Wirbel für Wirbel langsam in die Ausgangsposition zurück.
- Wiederholen Sie die Übung 5- bis 10-mal.

Spine Twist

3

› Setzen Sie sich aufrecht hin. Die Beine sind möglichst gestreckt und geschlossen. Ziehen Sie die Zehen an, und heben Sie die gestreckten Arme seitlich bis auf Schulterhöhe an. Ziehen Sie die Fingerspitzen ganz lang, bis Sie die Spannung deutlich in den Oberarmen spüren. Die Handrücken zeigen nach oben. Drücken Sie mit den Händen leicht nach unten.

› Atmen Sie ein und ziehen Sie den Scheitel in Richtung Decke, als wäre er durch einen seidenen Faden mit dem Himmel verbunden. Das Brustbein hebt sich deutlich spürbar.

4

› Atmen Sie aus, und drehen Sie Kopf und Oberkörper langsam nach links. Der Blick geht jetzt zur linken Hand. Federn Sie zweimal nach. Merken Sie, wie Sie dadurch noch ein Stückchen »wachsen«?

› Atmen Sie ein, und drehen Sie sich langsam wieder zurück in die Ausgangsposition.

› Atmen Sie wieder aus, und wiederholen Sie die Übung zur anderen Seite. Der Blick wandert nun zur rechten Hand.

› Wiederholen Sie die Übung 3- bis 5-mal pro Seite.

3

4

1

Hundred

1 › Legen Sie sich auf den Rücken und winkeln Sie die Beine in der Luft an. Die Arme liegen neben dem Körper, die Handflächen zeigen zum Boden.

› Atmen Sie ein, und ziehen Sie sich ganz lang.

2 › Atmen Sie aus, und ziehen Sie das Kinn zur Brust. Heben Sie mit der Kraft Ihrer Bauchmuskulatur Kopf und Schultern von der Matte. Heben Sie nun die Arme, und strecken Sie die Beine. Senken Sie die Beine so weit wie möglich zum Boden.

3 › Führen Sie beim Einatmen 5 bis 10 kleine Pumpbewegungen mit den Armen durch. Ellbogen und Handgelenke bleiben dabei ganz fest, der Rumpf absolut still. Atmen Sie dann aus. Führen Sie auf diese Weise insgesamt 100 Pumpbewegungen durch.

› Atmen Sie ein, und bringen Sie die Beine wieder in die Ausgangsstellung. Ziehen Sie die Fingerspitzen lang zu den Füßen. Kopf und Schultern sind etwas höher.

› Atmen Sie aus, und rollen Sie sich Wirbel für Wirbel ab.

2

3

4

Roll up

4 › Bleiben Sie auf dem Rücken liegen. Strecken Sie die geschlossenen Beine, und ziehen Sie die Zehen lang nach vorn. Die Arme schräg hinter den Kopf heben und die Schulterblätter stabilisieren.

5 › Atmen Sie ein und heben Sie die Arme, bis die Fingerspitzen zur Decke zeigen.

6 › Atmen Sie aus. Ziehen Sie dabei das Kinn zur Brust, und rollen Sie Wirbel für Wirbel auf, bis Sie sitzen. Die Arme sind parallel zum Boden, die Fingerspitzen zeigen zu den Füßen. Das Gewicht ruht auf den Sitzbeinhöckern, der Rücken ist weich gerundet. Rücken und Oberschenkel-Rückseiten werden gedehnt.

› Atmen Sie ein, und beginnen Sie damit, Wirbel für Wirbel langsam wieder abzulegen.

› Atmen Sie aus, und rollen Sie immer weiter ab, bis Sie wieder am Boden liegen. Heben Sie die Arme wieder schräg über Kopf.

› Wiederholen Sie das Auf- und Abrollen 5- bis 8-mal.

5

6

Die 10 besten Lifestyle-Tipps für 40+

Heute beginnt der erste Tag vom Rest Ihres Lebens. Machen Sie also eine kritische Bestandsaufnahme: Passt Ihr Lebensstil noch zu Ihrer Biologie? Hören Sie auf Ihren Körper. In der Lebensmitte werden Ihre Seele und Ihr Körper häufig sensibler gegenüber Dingen, die Ihnen nicht gut tun. Achten Sie also darauf, ob Sie sich überlasten, zu wenig bewegen oder gar zu wenig schlafen. Denn kleine Sünden lassen sich jetzt nicht mehr so leicht wegstecken wie früher. Erkennen Sie, dass die Zeit reif ist für eine Veränderung. Freuen Sie sich auf Ihren neuen Lebensstil!

1 Schenken Sie dem Faktor Schlaf besondere Aufmerksamkeit; er ist ein wichtiger Schlankmacher für Ihre Figur. Im Schlaf wird nämlich vermehrt Wachstumshormon gebildet, und das wiederum kurbelt die Fettverbrennung richtig an. Dadurch können Kaloriensünden zumindest teilweise wieder »ausgebügelt« werden.

2 Ihre Wohlfühl-Garantie: Starten Sie jeden Morgen aus der Pole-Position. Denken Sie zuerst an sich, und gönnen Sie sich gleich nach dem Aufstehen eine Extraportion Wellness. Nehmen Sie sich bewusst Zeit für eine kurze Morgengymnastik oder eine Laufrunde im Park, und atmen Sie dabei tief die frische Morgenluft ein. Setzen Sie im Bad auf stimulierende Aromaduschen, und genießen Sie eine munter machende Bürstenmassage. Damit regen Sie Ihren Stoffwechsel an und werden zugleich richtig wach. Wer sich schon morgens etwas Gutes tut, ist gegen den Alltagsstress gewappnet und fühlt sich den ganzen Tag durch einfach besser. Finden Sie heraus, was Ihnen in der Früh besonders gut tut – und tun Sie es!

3 Stellen Sie sich ein Programm aus Ausdauertraining und Kraftsport zusammen, das Ihnen Spaß macht und das sich gut in Ihren Tagesplan integrieren lässt. Suchen Sie sich eine Freundin in der gleichen Situation, zu zweit hält man besser durch. Wenn Sie erste Fettansammlungen am Bauch entdecken, können Sie Ihr Bauchmuskeltraining mit Pilates intensivieren. Gleichzeitig sollten Sie aber auch in ein Anti-Stress-Programm investieren. Nur so klappt es mit dem flachen Bauch.

4 Nehmen Sie sich mehr Zeit für sich selbst, entdecken Sie ein neues Hobby, reisen Sie, oder gönnen Sie sich ein persönliches Vergnügen, zum Beispiel einen Kino- oder Theaterbesuch, eine entspannende Massage oder einen Gang zur Kosmetikerin. Je authentischer Sie leben, desto weniger »Seelentröster« aus der Küche benötigen Sie. Achten Sie auch darauf, Abwechslung in Ihr Leben zu bringen. Denn oft führt das Einerlei des Alltags dazu, dass wir schleichend unzufriedener werden und das nicht selten durch Essen kompensieren.

5 Gehen Sie täglich an die frische Luft, und tanken Sie Sauerstoff und Sonnenlicht. Fahren Sie mit dem Rad ins Büro, oder laufen Sie einen Teil der Strecke. Nutzen Sie auch Ihre Mittagspause für Regeneration pur, und machen Sie einen kleinen Spaziergang.

6 Nehmen Sie nicht die Hektik der Woche mit in Ihr Wochenende. Sorgen Sie für einen »Stresspuffer«, und nützen Sie Ihren Freitagabend zum »Cool-down«. Planen Sie für diesen Abend ganz bewusst ein Ritual, das Sie auf das Wochenende einstimmt. Geradezu ideal sind zum Beispiel Yoga, Tai Chi, Qi Gong oder ein Saunabesuch. Sie können auch ein schönes Abendessen bei Ihrem Lieblingsitaliener oder einen Spieleabend mit der Familie vorsehen oder einen Kinobesuch mit Ihrer besten Freundin. Wichtig ist allein die Regelmäßigkeit, damit Ihr Körper und Ihre Seele auf die zwei anstehenden freien Tage eingestimmt werden.

7 Entdecken Sie einen neuen Look. Suchen Sie eine gute Typ- und Stilberatung auf, und erfahren Sie, wie Sie mit einfachen Mitteln top aussehen können. Gönnen Sie sich vielleicht eine neue Frisur oder Haarfarbe, die Ihr Gesicht vorteilhaft zur Geltung bringt, und tragen Sie immer ein gepflegtes Make-up. Das neu gewonnene Selbstbewusstsein tröstet Sie über so manche Figurmängel hinweg. Seien Sie ganz Frau! Finden Sie zu einer neuen Form der Weiblichkeit, bei der Erfahrung, Gelassenheit, In-sich-Ruhen und das Ausleben der eigenen Bedürfnisse zählen.

8 Pressen Sie Ihr neues Lebensprogramm nicht in ein starres Schema, sondern lassen Sie Raum für Spontaneität. Genießen Sie Ihren Alltag, und setzen Sie sich nicht unnötig unter Druck. Verzichten Sie auch mal auf den Sport, wenn Sie absolut keine Lust haben. Oder verkriechen Sie sich im Bett, wenn Ihnen bei schlechtem Wetter nicht nach einem Spaziergang zumute ist. Das hilft Ihnen, mit dem Alltagsstress besser klarzukommen.

9 Seien Sie faul! Vielleicht widerstrebt es Ihnen, plötzlich Faulheit in Ihr Leben zu integrieren, haben Sie doch bisher genau dies tunlichst vermieden. Schluss damit: Betrachten Sie die so genannte biologische Faulheit als ein Überlebensgeheimnis in unserer immer schneller werdenden Welt. Biologisch faul sein heißt nämlich, dem Körper genau das zu geben, was er braucht. Je älter Sie werden, desto besser verstehen Sie den Ruf Ihres Organismus nach Faulheit.

10 Bedenken Sie: Ihr Körper reagiert jenseits der 40 schneller auf die mehr oder weniger kleinen Sünden des Alltags. Die Spuren sieht man dann an Bauch und Hüfte. Zum Glück gilt umgekehrt aber auch: Wenn Sie sich Gutes tun, werden Sie die Wirkung ebenfalls sehr viel schneller verspüren (und sehen) als in jüngeren Jahren.

ESSEN SIE SICH SCHLANK

Wenn Sie Ihre Ernährung und Ihren Stoffwechsel miteinander in Einklang bringen, haben auch die Fettpolster keine Chance. Und dann nehmen Sie endlich ab.

Von Kalorien und Nährstoffen

Die Eigenschaft eines Lebensmittels, körperlich verwertbare Energie zu liefern – also der Nährwert – wird in Kilokalorien oder Kilojoule gemessen (1 kcal = 4,18 kJ). Der Körper verbrennt diese Energiebriketts in seinem Stoffwechsel, um sich selbst zu erhalten und um Arbeit zu leisten. Der tägliche Energiebedarf setzt sich dabei aus dem Grund- und dem Arbeitsumsatz zusammen: Die Energie für den Grundumsatz wird für die Aufrechterhaltung aller Lebensfunktionen des Organismus in völliger Ruhe benötigt. Er beträgt durchschnittlich eine Kilokalorie je Kilo Körpergewicht und Stunde. Dazu kommt als Arbeitsumsatz der Energiebedarf für jede andere Tätigkeit. Energiebedarf und -verbrauch eines Menschen sind jedoch keine festen Größen. Es gibt hier individuelle, genetisch programmierte Unterschiede. Ebenso spielen Trainingszustand, Kondition und Hormonhaushalt eine Rolle. So beträgt der tägliche Kalorienbedarf einer Frau bei sitzender Tätigkeit rund 2000 Kilokalorien, bei einem Mann 2400. Je nach geleisteter Aktivität kann sich dieser Wert beträchtlich erhöhen.

Sind alle Kalorien gleich?

Jedes im Überschuss aufgenommene Nahrungsmittel kann dick machen – unabhängig davon, woher die Kalorien stammen. Zunächst zählt nur die reine Energie. Dass Fett besonders leicht dick macht, liegt zum einen an dem hohen, oft unterschätzten Energiegehalt, zum anderen an der Rangordnung, nach der unser Körper die Nährstoffe verbrennt: Von allen aufgenommenen Nährstoffen wird Fett als Letztes abgebaut. Auch tritt bei Kohlenhydraten und Eiweiß schneller ein natürliches Sättigungsgefühl ein als bei Fett. Zudem gilt: Werden Kohlenhydrate dem Körper in normalen Mengen zugeführt, wandelt er nur eine geringe Menge in Fett um. Erst wenn der Nährstoff in großem Überfluss verzehrt wird, werden die leidigen Fettpolster gebildet. Nicht so bei Fett: Wird es nicht sofort verbraucht (zum Beispiel durch ausreichend Bewegung), wandert der Überfluss unweigerlich in die Fettdepots. Es lohnt sich also unbedingt, die Fettzufuhr im Auge zu behalten und täglich nicht mehr als etwa 60 bis 80 Gramm davon zu essen.

Trotz allem besteht kein Grund zur Fettphobie, wie sie bei Frauen, die ständig Diät halten, manchmal zu beobachten ist. Dies führt nämlich nur allzu oft zu einer Überdosis an Kohlenhydraten. Und weil diese wiederum zu Fett umgewandelt werden, führen sie ebenfalls zu

KALORIE ODER KILOKALORIE?

In Presse und Werbung werden die Werte für den Energieverbrauch beziehungsweise die Energieeinsparung durch bestimmte Nahrungsmittel oft in Kalorien statt in Kilokalorien angegeben. Beachten Sie aber, dass der tatsächliche Energiebedarf eines Menschen im Bereich der Kilokalorien liegt (1 kcal = 1000 cal). Die Angabe in Kalorien ergibt einfach die beeindruckenderen Zahlen: Eine Kalorieneinsparung von 300 cal klingt besser als 0,3 kcal.

unerwünschten Fettpolstern. Wer den Fettanteil in der Kost reduziert, dafür aber mehr Kohlenhydrate aufnimmt, ändert an der Kalorienbilanz in der Regel überhaupt nichts. Viele Menschen nehmen mit fettreduzierter Kost sogar mehr Kalorien zu sich als mit Normalkost. Behalten Sie also stets alle Kalorienträger im Auge, nicht nur das Fett.

Unsere Energielieferanten

Die in der Nahrung enthaltene Energie verteilt sich in erster Linie auf drei Grundbausteine:

- Kohlenhydrate kommen hauptsächlich in pflanzlichen Nahrungsmitteln wie Getreide, Obst, Gemüse, Hülsenfrüchten und Kartoffeln vor. 1 g (verwertbare) Kohlenhydrate liefern 4 kcal Energie. Die Kohlenhydrate dienen hauptsächlich der Energiegewinnung. Ein Zuviel wird als Fettdepots gespeichert.
- Eiweiß steckt vor allem in Fleisch, Milchprodukten, Eiern, Fisch, Getreide und Hülsenfrüchten. Eiweiß liefert genauso viel Energie wie die Kohlenhydrate, nämlich 4 kcal/g. Allerdings wird es in erster Linie zum Aufbau von Körperzellen, Hormonen und Enzymen verwendet. Erst bei extremer Belastung werden Aminosäuren – das sind die Bausteine des Eiweißes – Energie bringend verbrannt. Ein Zuviel an Eiweiß ist gefährlich, da es sich im Körperinneren (Arterien, Herzkranzgefäße) ablagert.

GU-ERFOLGSTIPP

Scharfe Aromen regen den Stoffwechsel an und fackeln Kalorien als Wärme ab. Die Fatburner stecken in Lebensmitteln wie Cayenne-Pfeffer, scharfem Paprika, Chili-Schoten, Pfeffer oder Ingwer. Dabei ist Ingwer in mehrerer Hinsicht am wirkungsvollsten: Er regt nicht nur den Stoffwechsel an, sondern reguliert auch die Verdauung und beugt so der Ablagerung von Schlacken vor. Darüber hinaus stimuliert Ingwer das Immunsystem. Lecker und einfach zuzubereiten ist Ingwertee: Eine kleine Ingwerwurzel schälen, in Scheiben schneiden und mit kochendem Wasser übergießen. Nach 10 Minuten abseihen.

- Fett ist besonders reichlich in Butter, Ölen, Sahne, Käse, Wurst und Nüssen enthalten. Es liefert mehr als doppelt so viel Energie wie Kohlenhydrate und Eiweiß, nämlich sage und schreibe 9 kcal/g. Zu viel Fett erhöht daher sehr schnell das Körpergewicht.

Neben diesen drei Grundnährstoffen enthält die Nahrung noch eine Fülle von Vitaminen, Vitalstoffen und Mineralien, die kalorienmäßig nicht zu Buche schlagen, sondern echte Schlankmacher sind (siehe auch Seite 112).

DIE ZUCKER-FETT-UMWANDLUNG

Wenn Sie pro Tag mehr als 500 Gramm Kohlenhydrate aufnehmen, wandelt Ihr Körper den Zucker in Fett um, was sonst nur begrenzt möglich ist. Besonders leicht erreichen Sie die kritischen Werte mit zuckerhaltigen Softdrinks wie Limonade, Colagetränken, Eistee oder Energiedrinks. Denn eine 0,33-l-Dose dieser Drinks enthält 20 bis 40 g reinen Zucker. Fruchtsäfte sollten Sie wegen des enthaltenen Zuckers im Verhältnis 1:2 oder 1:3 mit Wasser verdünnen.

Dickmacher Insulin

Unser gesamter Energiehaushalt wird primär durch das Zusammenspiel zwischen dem Blutzuckerspiegel und dem Hormon Insulin geregelt. Schließlich werden alle aufgenommenen Kohlenhydrate in Glukose, den kleinsten Kohlenhydrat-Baustein, umgewandelt. Sie ist der Basissprit für den Körper. Aus Glukose entsteht nach Bedarf, also wenn Sie aktiv sind, sofort Energie. Der Rest wird als eiserne Reserve in der Leber und in den Muskeln als Glykogen gespeichert oder in Depotfett umgewandelt. Glykogen kann leicht wieder in Blutzucker zurückverwandelt werden. Depotfett dagegen ist leider viel hartnäckiger und wird erst dann angegriffen, wenn die Glykogenspeicher leer sind, der Energiebedarf aber noch nicht gesättigt ist.

Wenn der Glukosespiegel im Blut ansteigt, setzt die Bauchspeicheldrüse ein Hormon frei: das Insulin. Es treibt die Glukose aus dem Blut in die Zellen. Steigt nun der Zuckerspiegel im Blut rasch an, schießt auch der Insulinpegel in die Höhe. Der Blutzuckerspiegel wird entsprechend schnell gesenkt. Dies aber ist eine regelrechte Einladung zum Essen und kann sogar richtig heißhungrig machen, sofern Sie zu den falschen Lebensmitteln greifen. Wie bereits geschildert, hemmt Insulin auch den Fettabbau. Wer also durch Süßes zu häufig das Insulin in sein Blut lockt, gerät schnell in einen Teufelskreis, der unweigerlich zu einer Gewichtszunahme führt.

Besonders kritisch sind leicht verdauliche Kohlenhydrate, wie sie in Süßigkeiten und Weißmehlprodukten stecken: der so genannte Turbozucker. Er gelangt blitzartig als Zuckerstoß ins Blut. Wenn Sie nicht in diese Insulinfalle geraten möchten, müsssen Sie bei der Wahl der Kohlenhydrate aufpassen:

- Figurfreundliche Kohlenhydrate sickern nur tröpfchenweise ins Blut und sorgen daher auch nur für einen langsamen Anstieg des Insulins. Sie finden sich in Vollkornprodukten, Kartoffeln, Hülsenfrüchten und Gemüse. Solche Kohlenhydrate sollten Sie überwiegend verzehren.
- Turbozucker wandert rasch ins Blut und treibt den Insulinspiegel explosionsartig in die Höhe. Verzichten Sie daher möglichst oft auf reinen Zucker, Honig, Süßigkeiten, Weißmehlprodukte und polierten Reis.
- Besonders gefährlich sind Lebensmittel, die sowohl Fett als auch schlechte Kohlenhydrate enthalten. Dies sind vor allem Schokolade und Schokoladenprodukte, Cremetorten, Pralinen, Dessertspeisen, Baguette, Croissants und Toastbrot mit süßem

GU-ERFOLGSTIPP

Wenn Sie zwischendurch der kleine Hunger befällt, versuchen Sie es mal mit Kakaoschalentee. Dieser Tee, der aus den gerösteten Schalen der Kakaobohne besteht, schmeckt nach herber Schokolade und fühlt sich im Mund – bedingt durch eine winzige Menge Fett – sehr angenehm an. Daneben enthält der Tee Theobromin, eine mit dem Koffein verwandte Substanz, die mild anregend und leicht entwässernd wirkt. Kakaoschalentee kann auch gut mit scharfen Gewürzen gemischt werden (z. B. Pfeffer, Chilli, Kardamom, Ingwer), die als zusätzliche Fatburner wirken (siehe auch Seite 112). Im Handel sind entsprechende Teemischungen erhältlich. Wer nicht auf die praktischen Teebeutel zurückgreifen will, kocht 1 Teelöffel Kakaoschalen mit 2 Tassen Wasser auf und lässt die Mischung 15 Minuten ziehen. Übrigens: Kakaoschalentee enthält reichlich Antioxidanzien und ist daher auch ein hervorragendes Anti-Aging-Produkt.

Belag, Emulsionsliköre wie Eier-, Kaffee- oder Schokoladenlikör, die eine geradezu kriminelle Kombination aus Zucker, Fett und Alkohol enthalten.

- Sport hilft, die Fettfalle abzumildern. Eine trainierte Muskulatur enthält nämlich mehr fettspaltende Enzyme als eine untrainierte, kann Fett also schneller abbauen. Chronischer Bewegungsmangel dagegen schafft die Voraussetzung, dass ein Großteil der mit der Nahrung aufgenommenen Fette in den Stunden nach einer Mahlzeit direkt in Fettpolstern abgelegt und nicht in den Muskeln verbrannt wird. Ein funktionstüchtiger Zucker- und Fettstoffwechsel wird also nicht durch Diät erworben, sondern nur durch regelmäßiges Muskeltraining.

Der glykämische Index

Ein Maß für die Fähigkeit eines Kohlenhydrats, den Blutzuckerspiegel zu erhöhen, ist der glykämische Index. Kohlenhydrate, die schnell ins Blut wandern, wie reiner Zucker, Süßwaren oder Weißmehlprodukte, haben hohe GLYX-Werte. Dagegen haben schwer abbaubare, so genannte komplexe Kohlenhydrate, wie Vollkornprodukte, Salat, Hülsenfrüchte oder manche Obstsorten, einen niedrigen GLYX. Sie unterstützen Sie im Kampf gegen das Übergewicht. Daher sollten Sie spätestens ab 40 – erst recht, wenn Sie typmäßig zum Dickwerden neigen –, auf den glykämischen Index achten. Allerdings ist der genaue Wert einzelner Lebensmittel nur bedingt aussagekräftig. Denn wir essen diese ja meist nicht isoliert, sondern kombinieren sie zu anderen Speisen. So haben zum Beispiel Kartoffeln für sich genommen einen sehr hohen glykämischen Index. Als Beilage zu Fisch oder Fleisch treiben sie den Blutzuckerspiegel dagegen nur mäßig in die Höhe.

Je höher der GLYX eines Lebensmittels ist, desto schneller bekommen Sie schon kurz nach dem Verzehr erneut Heißhunger. Und das ist die größte Gefahr für Ihre Figur, weil es

WICHTIG

Jeder Mensch hat seinen individuellen Stoffwechsel. Beobachten Sie, nach welchen Speisen Sie rasch wieder hungrig werden, und meiden Sie diese. Hinter Heißhunger können aber auch andere Gründe stecken: Mangel an Sonnenlicht und Bewegung oder gar eine Krankheit. Wenn Sie trotz Optimierung Ihrer Ernährung immer wieder an Heißhunger leiden, sollten Sie einen Arzt aufsuchen.

zu unkontrollierten Fressanfällen führt. Mit den folgenden einfachen Regeln haben Sie den glykämischen Index Ihrer Mahlzeiten und somit auch Heißhungerattacken im Griff:

- Vereinfacht gesagt erkennen Sie den GLYX-Wert eines Lebensmittels am Kauaufwand: Schwer Kaubares wie knackige Gemüse (zum Beispiel Sellerie, Brokkoli, Paprika, Kraut) oder grobes Getreide hat meist einen niedrigeren GLYX. Fast alles, was sich leicht zerkauen lässt, wie die meisten Süßwaren, Weißbrot oder Kuchen, hat einen hohen GLYX. Und auch auf die Zubereitungsart kommt es an: Kochen, Grillen, Dünsten und Co. erhöhen meist den GLYX-Wert.
- Je süßer Obst schmeckt, desto höher ist sein GLYX. Das gilt auch für überreife und bearbeitete Früchte (zum Beispiel als Kompott, Saft oder Mus).
- Wie schmecken die Lebensmittel, wenn Sie sie länger kauen? Ein hoher GLYX verrät sich durch süßen Geschmack, zum Beispiel bei Karotten, Mais oder Cornflakes.
- In vielen Produkten verbirgt sich reiner Zucker, ohne dass dieser richtig herausschmeckt. Das sind beispielsweise Balsamico-Essig, Fertigsaucen (insbesondere mit Meerrettich oder Chili), Tomatenketchup, Senf, Relish, Grillsaucen, Chutneys und Gemüsekonserven (sofern nicht mit Süßstoff versetzt).
- Je stärker ein Lebensmittel bearbeitet ist, desto höher ist oft sein GLYX. So steigt der Wert zum Beispiel von Kartoffel über Kartoffelbrei zu Kartoffelchips oder Pommes immer weiter an.
- Fertigprodukte, Konserven und vorgefertigtes Fastfood haben immer einen höheren GLYX als die gleiche Mahlzeit bei frischer Zubereitung.
- Lesen Sie immer die Packungsaufschriften. Hinter Bezeichnungen, die auf »-ose« oder »-sirup« enden (Glucose, Saccharose, Dextrose, Fructose, Maltose, Galactose, Ahornsirup, Invertsirup) oder mit »Malto-« beginnen (Maltoextrakt, Maltodextrin), verbirgt sich Zucker, der Ihren Blutzuckerspiegel in die Höhe treibt. Auch Melasse, Invertzucker oder Gerstenmalz gehören dazu. Solche Zuckerformen stecken überwiegend in Fertigprodukten. Übrigens: Auch »gesunder« Honig enthält viel Zucker.

TIPP

Besonders problematisch sind Kombinationen aus Zucker und Fett: Der Zucker lockt Insulin, welches das vorhandene Fett sofort in die Zellen verfrachtet und dort festhält. Top-Dickmacher sind Schokolade, Kartoffelchips, Nuss-Nougat-Creme, Toastbrot oder Baguette aus Weißmehl.

Keine Chance für Heißhunger

Haben Sie gewusst, dass chinesische Ernährungsmediziner Frauen in der Lebensmitte, die sich mit Gewichts- und Stoffwechselproblemen herumplagen, ein Frühstück aus gekochtem Getreide empfehlen? Der Grund: Ihr Körper verdaut gekochtes Getreide langsam und über mehrere Stunden, es erzeugt also eine lange anhaltende Sättigung. Dazu hilft Getreide dem Körper, Giftstoffe und Schlacken auszuscheiden. So wird das Abnehmen begünstigt. Probieren Sie es einfach selbst einmal aus.

Das Satt-in-den-Tag-Frühstück

Vor allem bei der Morgenmahlzeit sollten Sie darauf achten, Ihren Hunger möglichst wirksam zu vertreiben. Wenn Sie nämlich bereits zwei Stunden nach dem Frühstück wieder (heiß)hungrig sind, werden Sie den ganzen Tag »nebenbei« essen und viel zu viele Kalorien zu sich nehmen. Mit dem richtigen Frühstück starten Sie dagegen aus der Pole-Position in den Tag – ein Pluspunkt für Ihre Figur.

Die folgenden Frühstücksvorschläge machen lange satt. Die Rezepte sind für eine Person berechnet und können schnell und problemlos zubereitet werden.

TIPP

Würzen Sie Süßspeisen mit Zimt! Besonders wirkungsvoll und auch sehr lecker: regelmäßig etwa ½ Teelöffel Zimt zum Frühstück, z. B. im Müsli, Joghurt, Quark. Dadurch bleiben Sie nicht nur lange satt, langfristig bessern sich sogar Ihre Blutzuckerwerte (besonders wichtig bei Menschen mit Neigung zu Diabetes). Wichtig: Verwenden Sie nur Ceylon-Zimt; Cassia-Zimt enthält häufig viel leberschädigendes Cumarin.

Müsli für jeden Geschmack

Flockenmüsli

5 EL Getreideflocken (zum Beispiel Hafer, Gerste, Roggen, Weizen) | 1 TL Leinsamen | 150 g Joghurt (3,5% Fett) | 1 Prise Vanilleextrakt | Obst | 1 EL Walnusskerne

1 Getreideflocken mit Leinsamen und Joghurt vermischen, mit Vanilleextrakt würzen.

2 Das Obst in mundgerechte Stücke schneiden und dazugeben. Mit gehackten Walnusskernen bestreuen.

Hirse-Birnen-Müsli

30 g Hirsekörner | 1 Becher Joghurt (150 g, 3,5% Fett) | 2 EL Milch | 1 Birne | 1 Prise Zimt | 2 EL Vollfrucht Heidelbeere (ungesüßt) | 1 EL gehackte Walnusskerne

1 Hirse in etwa 200 ml Wasser weich kochen (20 Minuten).

2 Hirse mit Joghurt, Milch und klein geschnittener Birne vermischen, mit Zimt würzen, mit Vollfrucht Heidelbeere und Walnusskernen garnieren. Am besten noch lauwarm essen.

Variante: Sie können das Müsli je nach Saison auch mit anderen Obstsorten zubereiten. Sehr gut schmeckt es zum Beispiel mit Banane, Himbeeren, Kiwi, Aprikosen oder Kirschen.

Vitamine, Eiweiß und komplexe Kohlenhydrate: Das gibt Schwung für den ganzen Tag (Rezept unten).

Müsli mit Sojamilch und Beeren

150 g Beeren (frisch oder TK) | 75 g Magerquark | 100 ml Sojamilch | ½ Vanilleschote | 1 Prise Zimt | 2 EL Haferflocken

1 Beeren waschen, abtropfen und verlesen. Tiefkühlware in einem Sieb auftauen lassen.
2 Magerquark mit Sojamilch glatt rühren. Das Mark aus der Vanilleschote kratzen und mit dem Zimt und den Haferflocken untermischen.
3 Die Beeren auf das Müsli geben.

VORSICHT HUNGERFALLE

Joghurt und Getreideflocken sind wichtige Zutaten für ein gesundes und schmackhaftes Müsli. Doch Vorsicht: Ein Fruchtjoghurt kann bis zu 24 g reinen Zucker pro Portionsbecher enthalten. Das entspricht einer Menge von 8 (!) Stück Würfelzucker. Und auch Frühstückszerealien machen nicht selten weitaus weniger fit, als Sie vielleicht glauben. Viele Produkte sind gezuckert oder enthalten zuckerhaltige Zutaten (zum Beispiel Schokoraspel, geröstete Reisflocken, Trockenobst, Honig). Lesen Sie daher vor dem Kauf immer erst einmal genau die Packungsangaben. Fast ein Garant für schnellen Hunger sind Knusperflocken; für diese wird meist nur der Mehlkörper des Getreides verwendet und nicht die nährstoffreichen Randschichten oder der Keim. Durch hohes Erhitzen im Dampf oder Pressen unter hohem Druck bei der Formgebung kommt es zu weiteren Nährstoffverlusten. Zu guter Letzt sind die Produkte auch noch mit Zucker angereichert (teilweise bis zu 5 Prozent!).

Es muss nicht immer Wurst und Käse sein. Ein selbst gemachter Gemüseaufstrich ist viel figurfreundlicher (Rezept rechts oben).

Leckere Frühstücksbrötchen

Brot mit Hühnerbrust

40 g Hähnchenbrustfilet | 2 EL Magerquark | 1 TL Senf | Salz | Pfeffer | 2 Scheiben Vollkornbrot | 2 Salatblätter | 2 Tomaten | Petersilie

1 Hähnchenbrust ohne Fett in einer beschichteten Pfanne kurz anbraten, Magerquark mit Senf vermischen, mit Salz und Pfeffer würzen.
2 Brote mit Quark bestreichen, mit Hähnchenbrustfilets, Salat sowie Tomatenscheiben belegen und mit Petersilie garnieren.

Gurken-Dill-Brot mit Krabben

¼ Salatgurke | 20 g Nordsee-Krabben | Zitronensaft | 4 EL Quark | ½ Bund Dill | Salz | Pfeffer | 2 Scheiben Vollkornbrot

1 Gurke waschen, in möglichst kleine Würfel schneiden und mit den Krabben und etwas Zitronensaft vermischen.
2 Quark mit klein gehacktem Dill vermischen, mit Salz und Pfeffer würzen und auf den Broten anrichten, Krabben-Gurken-Mischung gleichmäßig darauf verteilen.

Gemüseschnitten

1 rote Paprikaschote | 100 g Magerquark | etwas Mineralwasser | Salz | Pfeffer | Paprikapulver, edelsüß | 2 Scheiben Vollkornbrot | 1 TL Schnittlauchröllchen | 1 TL Sonnenblumenkerne

1 Paprika waschen, putzen und in feine Streifen schneiden. Ein paar davon beiseite legen, den Rest fein würfeln.
2 Quark mit etwas Mineralwasser glatt rühren. Mit Salz, Pfeffer und Paprikapulver würzen. Paprikawürfel untermischen. Aufs Brot streichen.
3 Mit Paprikastreifen, Schnittlauch und Sonnenblumenkernen garnieren.

Sprossenbrot mit Meerrettich

4 EL Quark | 1 TL Meerrettich | 1 TL mittelscharfer Senf | Pfeffer | 2 Scheiben Vollkornbrot | 4 EL gekeimte Sprossen | 1 Tomate

1 Quark mit Meerrettich und Senf vermischen. Nach Geschmack mit Pfeffer würzen und die Brote damit bestreichen.
2 Die Sprossen darauf verteilen und mit Tomatenscheiben garnieren.

Brot mit Orangen-Sanddorn-Quark

4 EL Magerquark | 2 EL Vollfrucht Sanddorn ungesüßt | 1 TL Honig | Zimt | 2 Scheiben Vollkornbrot | 1 Orange | gehackte Nüsse

1 Magerquark mit Sanddorn und Honig vermischen, mit einer Prise Zimt verfeinern und auf dem Vollkornbrot anrichten.
2 Mit dünnen Orangenscheiben belegen, mit Nüssen bestreuen.

TIPP

Die Brote eignen sich auch gut als Mittagssnack im Büro. Kombinieren Sie dazu knackige Rohkost, einen Salat mit leichtem Dressing (zu Hause anrühren und im Schraubglas mitnehmen) oder frisches Obst der Saison.

TOASTBROT UND CROISSANT

Toastbrot ist ein Spezialbrot, das mit Fett, Milch und Zucker versetzt ist. Damit ist es erheblich kalorienreicher als normale Brotsorten. Dazu kommt: Durch das Toasten werden die Kohlenhydrate besonders leicht verdaulich; Sie werden deshalb schnell wieder hungrig. Das Gleiche gilt für Croissants, die ebenfalls viel Fett und Zucker enthalten. Das beste Brot: Vollkornbrot ohne Zusätze.

Power-Drinks

WICHTIG
Achten Sie auch bei an sich gesunden Produkten immer auf den Zuckergehalt, zum Beispiel bei Soja-Desserts und -Drinks, Hafer-Drinks, Mandelmilch, Müsli-Mischungen, Fruchtjoghurts, prä- und probiotischen Drinks und Joghurts, Quarkspeisen und Lassi-Produkten. Studieren Sie in jedem Fall die Zutatenliste, und halten Sie nach zuckerfreien Varianten Ausschau.

Wenn Sie morgens nur wenig essen können oder es sehr eilig haben, sollten Sie es mit einem Power-Drink probieren. Als zweites Frühstück empfiehlt sich dann eines der Frühstücksbrote der vorangegangenen Seiten. Die Rezepte sind für eine Person berechnet.

Gemüse-Vitaltrunk

50 ml Tomatensaft | 50 ml Karottensaft | 30 ml Selleriesaft | 3 EL Instant-Haferflocken | 1 EL fein gewiegte Petersilie | Salz | weißer Pfeffer

1 Tomaten-, Karotten- und Selleriesaft im Mixer mit Haferflocken und Petersilie aufmixen.

2 Mit Salz und Pfeffer abschmecken.

Beeren-Shake

100 g Beeren (frisch oder TK) | 100 g Magerquark | 100 ml Sojamilch | 1 EL Instant-Haferflocken | 1 TL Sonnenblumenkerne

1 Beeren waschen und in den Mixer geben (tiefgekühlte Beeren können direkt in den Mixer).

2 Quark, Sojamilch, Haferflocken und Sonnenblumenkerne zugeben und alles kräftig durchmixen.

Macht satt wie ein kleines Müsli und versorgt den Körper mit Eiweiß, Kalzium und Vitaminen: der Beeren-Shake (Rezept oben).

Milch-Dattel-Shake

4 Datteln | ½ Becher Joghurt | ¼ l Milch | 1 EL süße Sahne | Zitronensaft | Zimt | Vanilleextrakt

1 Datteln ohne Kern und Schale im Mixer pürieren, dann Joghurt, Milch und Sahne dazugeben.

2 Mit Zitronensaft, Zimt und Vanille abschmecken.

Energietrunk

1 kleine Banane | 50 ml Orangensaft | 100 ml Karottensaft | 2 EL Instant-Haferflocken | 1 TL Honig | Saft von ½ Zitrone

1 Banane im Mixer pürieren. Orangen- und Karottensaft dazugeben.

2 Instant-Haferflocken, Honig und Zitronensaft ebenfalls zur Saftmischung geben und alles noch einmal kräftig aufmixen.

GESUNDES FÜR DEN KLEINEN HUNGER

Halten Sie für den kleinen Hunger zwischendurch immer ein paar Leckereien bereit, damit sich erst gar kein Heißhunger entwickelt. Die folgenden Snacks enthalten wenig blutzuckerfeindlichen Turbozucker. Ihre Süße stammt vielmehr überwiegend aus Fruchtzucker (Fruktose), der das Insulin nicht stimuliert, und Saccharose. Diese muss im Körper erst in Glukose gespalten werden, wodurch der Blutzucker weniger schnell ansteigt. Außerdem enthalten die Snacks wertvolle Vitamine, Mineralien, Antioxidanzien und Ballaststoffe.

- getrocknete Aprikosen: Beta-Carotin, Kalium, Eisen, Ballaststoffe
- getrocknete Feigen: B-Vitamine, Eisen, Ballaststoffe
- frische Grapefruit: Vitamin C, Antioxidanzien
- Walnüsse: ungesättigte Fettsäuren, Zink, Kalium, B-Vitamine
- Erdnüsse (unbehandelt): ungesättigte Fettsäuren, B-Vitamine (Vorsicht bei Neigung zu Gicht, da purinreich)
- Kürbiskerne: ungesättigte Fettsäuren, Zink, Vitamin A
- Vollkornkekse (ungesüßt): Ballaststoffe, B-Vitamine
- Magerjoghurt: Eiweiß, Kalzium
- säuerlicher Apfel: Ballaststoffe, Mineralien und Spurenelemente
- knackiges rohes Gemüse (zum Beispiel Karotten, Kohlrabi, Selleriestangen): Vitamine und Mineralien

Wenn Sie der Hunger am Abend überfällt

Wenn Ihnen am späteren Abend noch der Magen knurrt, muss es unbedingt etwas Leichtes sein. Sie wollen schließlich satt werden, aber nicht dick. Bei den folgenden Abendsnacks dürfen Sie ohne schlechtes Gewissen zugreifen. Die Zutaten sind für eine Person berechnet; bei kleinem Hunger reicht es auch für zwei.

TIPP

Auch wenn Sie allein essen: Verzichten Sie auf ein TV-Dinner und setzen Sie sich an den Tisch. Richten Sie das Essen appetitlich auf einem nicht zu großen Teller an. Das Auge isst mit und gibt gleichzeitig »Sättigungssignale« ans Gehirn weiter, wenn die Speisen üppig aussehen.

Süßkartoffelchips mit Sauerrahm

1 Süßkartoffel | 1 EL Rapsöl | Sauerrahm | Zitronensaft | Salz | Pfeffer

1 Süßkartoffel schälen, in etwa 1 cm dicke Scheiben schneiden und dünn mit Öl bepinseln. Im Backofen unter dem Grill etwa 15 Minuten knusprig braun rösten, bis die Süßkartoffelscheiben weich sind und sich an einigen Stellen goldbraune Blasen bilden.

2 Sauerrahm mit Zitronensaft abschmecken, salzen und pfeffern. Zu den Süßkartoffelscheiben anrichten.

Zwiebeln im Weinsud

1 unbehandelte Zitrone | 2 EL Olivenöl | 2 EL trockener Weißwein | 4 zerquetschte Korianderkörner | 5 Pfefferkörner | 1 Lorbeerblatt | 110 g eingelegte Perlwiebeln aus dem Glas | Salz | Petersilie

1 Zitrone in dicke Scheiben schneiden. Diese halbieren und die Kerne entfernen. 50 ml Wasser mit Olivenöl, Wein, Zitronenscheiben und Gewürzen in einen Topf geben und einmal aufkochen. Die Flamme herunterschalten und alles zugedeckt 10 Minuten leicht köcheln lassen.

2 Perlzwiebeln in ein Sieb abschütten, gründlich abtropfen lassen und in den heißen Sud geben. 10 bis 20 Minuten simmern lassen, bis die Zwiebeln weich sind.

3 Zwiebeln und Zitronenscheiben aus dem Sud fischen und auf einem Teller anrichten. Die verbliebene Flüssigkeit bei großer Hitze auf die Hälfte einkochen. Eventuell noch leicht salzen.

4 Den Sud über die Zwiebeln und die Zitronenscheiben gießen und alles mit gehackter Petersilie bestreuen. Dazu passt am besten eine knusprige Scheibe Vollkornbrot.

Fruchtiger Käsesalat

80 g Emmentaler Käse | 1 Tomate | 50 g Weintrauben | 50 g Mandarinenspalten aus der Dose (zuckerfrei) | 1 TL milder Senf | 2 EL Zitronensaft | 1 EL Sonnenblumenöl | Salz | Pfeffer | Petersilie

1 Käse in kleine Würfel und die Tomate in Scheiben schneiden. Die Weintrauben eventuell halbieren und entkernen. Mandarinen abtropfen lassen. Käse und Früchte miteinander vermischen.
2 Für das Dressing Senf, Zitronensaft und Öl verrühren und nach Geschmack mit Salz und Pfeffer würzen.
3 Über die Käsewürfel und das Obst geben und anschließend mit gehackter Petersilie bestreuen.

Chicorée-Orangen-Salat

1 Staude Chicorée | 1 Orange | 1/4 rote Chilischote | 1 TL Obstessig | 1 EL Olivenöl | Salz | Pfeffer | 1 EL gehackte Walnüsse

1 Chicorée putzen, waschen und in Streifen schneiden. Die Orange so schälen, dass auch die weiße Innenhaut entfernt wird. Die einzelnen Fruchtfilets aus den Häutchen schneiden. Dabei Saft auffangen. Chili waschen. Die Kerne herauskratzen und das Fruchtfleisch in schmale Streifen schneiden.
2 Aus Essig, Öl, Orangensaft, Salz und Pfeffer ein Dressing rühren. Über den Salat geben, vermischen und mit Walnusskernen bestreuen.

Chilischoten im Salat kurbeln den Fettstoffwechsel an, die Bitterstoffe im Chicorée die Verdauung (Rezept oben).

So nehmen Sie richtig ab

Die meisten Menschen, die abnehmen wollen, machen immer wieder denselben Fehler: Sie drücken sich davor, ihre Ernährung umzustellen oder sich ein Sportprogramm aufzuerlegen. Lieber hungern sie wider besseren Wissens für einige Wochen, in der Hoffnung, die lästigen Pfunde loszuwerden. Hand aufs Herz: Gehören Sie auch dazu? Dann sollten Sie sich schleunigst umorientieren. Denn spätestens ab 40 funktioniert das Abnehmen durch Hungern nicht mehr.

Vorsicht bei Reduktionsdiäten

Wenn Sie Ihrem Körper weniger Energie zuführen, als er verbraucht, muss er sich umstellen. Zuerst einmal baut er vor allem die schnell verfügbaren Zuckerspeicher in Leber und Muskeln ab. Erst dann geht es an die Fett- und Eiweißreserven. Gleichzeitig aber schaltet der Organismus auf Spargang. Und das bedeutet, dass Sie immer weniger essen müssen, um noch weiter abzunehmen. Und: Sobald Sie wieder normal essen, schnellt das Gewicht blitzschnell nach oben – diesen so genannten Jo-Jo-Effekt kennen Sie wahrscheinlich schon aus eigener Erfahrung.

Auch bei den Diäten selbst werden Fehler gemacht. Es spielt nämlich eine große Rolle, ob Sie abnehmen wollen oder ob Sie nur verhindern möchten zuzunehmen.

> Wer sein Gewicht halten will, sollte vor allem die Fettkalorien im Auge haben; sie werden besonders leicht in Speckröllchen umgesetzt. Der Grund: Fett lagert der Körper weitaus ökonomischer ein als Zucker. Dieser muss in einem komplizierten Vorgang erst einmal in speicherbares Fett umgewandelt werden. Dabei gehen rund 25 Prozent des Energiegehalts verloren.

> Wenn Sie abnehmen wollen, ist dagegen ein deutliches Minus bei Kohlenhydraten angesagt. Der Stoffwechsel läuft nämlich umso mehr auf Sparflamme, je weniger Fett und je mehr Kohlenhydrate Sie essen. Außerdem werden die Hungersignale bei einer kohlenhydratarmen Kost als weniger quälend empfunden. Eine kohlenhydratreiche, gleichzeitig aber fettarme Diät kann dagegen zu regelrechten Heißhungerattacken führen.

Dass dagegen der Eiweißgehalt der Nahrung wesentlich zum Sättigungsgrad beiträgt, zeigt eine Studie der amerikanischen Yale-Universität. Dort erhielten drei Versuchsgruppen mittags je eine eiweißreiche, eine kohlenhydratreiche und eine gemischt eiweiß-/kohlenhydratreiche Mahlzeit mit jeweils dem gleichen Kaloriengehalt. Abends gab es dann ein Büffet. Das Ergebnis: Die Kohlenhydrat-Gruppe langte dort am stärksten zu und aß am meisten Fett. Unterm Strich nahmen die Testpersonen dieser Gruppe 20 Prozent mehr Kilokalorien zu sich als die Eiweiß-/Kohlenhydrat-Gruppe und sogar 31 Prozent mehr als die Eiweiß-Gruppe.

WICHTIG

Wenn Sie (trotz oder wegen des mangelnden Erfolgs) immer wieder eine Reduktionsdiät machen, gerät Ihr Stoffwechsel mit der Zeit völlig durcheinander. Und dadurch wird das Abnehmen zu einem immer schwierigeren Unterfangen.

Biostoffe, die schlank machen

Fett kann nur verbrannt werden, wenn der Stoffwechsel gut funktioniert. Und dazu müssen ausreichend Fett verbrennende Biostoffe vorhanden sein. Eine abwechslungsreiche Mischkost mit viel frischem Obst, Gemüse und Vollkornprodukten enthält diese in ausreichender Menge und beugt dadurch einem Fettansatz vor. Nach einer solchen Mahlzeit wird mehr Energie in Form von Wärme verfeuert als nach einer Dosenmahlzeit ohne Frischkost.

WICHTIG

Locken Sie den Hunger nicht, indem Sie den Eindruck eines Nahrungsmangels entstehen lassen. Achten Sie stattdessen ganz bewusst darauf, Ihrem Körper Sättigung und reichliche Versorgung mit Nahrungsmitteln vorzugaukeln. Lernen Sie, Ihre Sättigungssignale deutlich wahrzunehmen. Werden sie überhört, führt dies zu Überessen und somit zu überschüssigen Pfunden.

So wird jede Mahlzeit zum Fatburner

Mit ein paar einfachen Tricks können Sie das Fatburner-Potenzial jeder Mahlzeit steigern:

- Würzen Sie scharf. Chili, Cayennepfeffer und auch schwarzer Pfeffer fördern die Wärmeabgabe nach dem Essen (Kalorienverbrauch!) und signalisieren dem Gehirn das Gefühl »satt«.
- Trinken Sie mehr Tee. Manche Sorten löschen nämlich nicht nur den Durst, sondern regen auch die Fettverbrennung an. So enthält schwarzer Tee das Fatburner-Mineral Chrom. Himbeerblättertee fördert ebenfalls die Fettverbrennung. Und grüner Tee stimuliert sättigende Botenstoffe im Körper. Ein Geheimtipp aus der Chinesischen Medizin ist Pu-Erh-Tee. Der »rote« Tee hat sich in langjährigen klinischen Studien als wirksamer Schlankmacher gerade für 40- bis 50-Jährige erwiesen. Pu-Erh-Tee ist zudem ein vorzüglicher Entschlackungs- und Entgiftungskünstler. Achten Sie jedoch aus Geschmacksgründen auf gute Qualität (als Qualitätsstufe 1 deklariert).

Achten Sie auf Sättigungssignale

Hungersignale sprechen eine deutlichere Sprache als die schwachen Sättigungssignale, die oft überhört werden (siehe auch Seite 13 ff.). Doch inzwischen kennen Sie ja die Tricks der Hunger-Botenstoffe und können sie zum Schweigen bringen. Denken Sie aber auch daran: Wie schnell die Sättigung eintritt, hängt nicht nur von Gewicht und Volumen der Nahrung ab, sondern auch von deren Geschmack und Aussehen, von der Einstellung zu ihr und oft sogar von den »Mit-Essern«.

Vertrauen Sie Ihrem Körper

Entwickeln Sie ein Gespür für Ihre ganz persönlichen Sättigungssignale. Wie fühlt sich Ihr Körper nach einer Mahlzeit an? Wie ist Ihre Laune? Haben Sie ein wohliges und behagliches Gefühl? Vielleicht sind Sie auch etwas müde? Was ist mit Ihrem Magen – ist er angespannt und schwer oder angenehm gefüllt? Die Signale sind bei jedem Menschen unterschiedlich – nehmen Sie sie bewusst wahr. Achten Sie auch während der Mahlzeit auf beginnende Sättigungssignale, und hören Sie dann auf zu essen. Der Körper lügt nicht: Ihr Sättigungsempfinden informiert Sie zuverlässig über die Energie, die Sie tatsächlich brauchen.

Wenn Sie im Erspüren Ihres »Sattpunktes« noch nicht so geübt sind, versuchen Sie es einmal mit folgender Faustregel: Hören Sie mit dem Essen auf, wenn Sie zu etwa 80 Prozent satt sind. Sie haben dann das Gefühl, nicht mehr hungrig zu sein, könnten aber gut noch ein paar Bissen essen.

Langsam essen!

Nehmen Sie sich Zeit fürs Essen. Greifen Sie zu Nahrungsmitteln, die Sie nicht in zwei Bissen hinunterbefördern können. Wenn Sie schlingen, statt zu genießen, oder gar beim Fernsehen essen, lassen Sie dem Gehirn keine Chance, die Nahrungsaufnahme zu registrieren. Essen Sie langsam und in Ruhe, Sie werden schneller satt, als wenn Sie es nebenbei und in Eile tun.

Bloß nicht zu raffiniert!

Unsere Sättigungsmechanismen reagieren am besten auf möglichst naturbelassene Kost, deren Herkunft noch zu erkennen ist. An einem einfachen Salat oder einem einfach zubereiteten Stück Fisch oder Fleisch werden Sie sich kaum überessen. Bei Salaten mit raffiniertem Dressing, bei Paniertem oder gar bei «Veredelungsprodukten« wie Frikadellen oder Fischstäbchen geschieht das recht schnell.

GEWOHNHEIT MACHT DICK

Signale von außen überdecken oft die körpereigene Essenskontrolle. Essen ist nämlich auch Kommunikationsmittel und Ersatzbefriedigung. Das Hungerzentrum reagiert beispielsweise gut auf Uhrzeit, Lust, Begierde, Langeweile, Gewohnheiten und optische Anreize. So gehen viele automatisch um die Mittagszeit zum Essen, weil die Kollegen in die Kantine gehen. Wer sich bemüht, bewusst auf seine natürlichen Sättigungssignale zu hören, wird auch nicht zu früh wieder essen.

SO WIRD EIWEISS NICHT ZUM DICKMACHER

- Achten Sie bei Fleisch auf fettarme Sorten wie Pute oder Huhn. Bevorzugen Sie fettarme Stücke wie Schnitzel, Lende und Filet, und schneiden Sie sichtbare Fettränder weg.
- Fettarme Fischsorten sind Hecht, Schellfisch, Seezunge oder Kabeljau. Aber gönnen Sie sich ruhig auch einmal einen fetten Fisch wie Lachs oder Makrele. Denn Fischfett enthält wichtige Vitalstoffe für den Körper.
- Wählen Sie fettarme Milchprodukte wie Magerjoghurt oder Käse mit maximal 30 Prozent Fett i. Tr. Buttermilch und Molke sind fettarme Eiweißspender und ideal für zwischendurch.
- Machen Sie aus Sojaprodukten wie Tofu keine Kalorienbombe, indem Sie sie panieren oder mit fetten Saucen kombinieren.

Satt durch Eiweiß

Das ausgeprägteste Sättigungsgefühl wird durch Eiweiß ausgelöst. Da eine gleichmäßige Eiweißversorgung absolut lebenswichtig ist, ist sie nämlich sehr gut geregelt: Essen wir zu wenig Eiweiß, macht dies Hunger – und zwar auf Eiweißhaltiges. Nimmt man dagegen zu viel Eiweiß zu sich, schwindet der Appetit auf Eiweißreiches sehr rasch. Wenn Sie also Lust auf ein saftiges Steak oder Eier verspüren, dann sollten Sie dieser Lust durchaus nachgeben. Der Körper kennt seinen Eiweißbedarf genau und steuert seinen Appetit danach. Achten Sie aber darauf, dass Sie mit dem Eiweiß nicht gleich eine Extraportion Fett aufnehmen.

DIE MILCH MACHT'S

Ein besonders günstiges Fett ist das Milchfett. Es besitzt zwar den gleichen Kaloriengehalt wie andere Fette, sättigt aber deutlich besser und drosselt somit die Kalorienzufuhr.

Satt durch Fett

Auch die Fettzufuhr ist für die Sättigung wichtig. Nehmen wir Fett zu uns, werden nach einer Weile über bestimmte Hormone Sättigungssignale an das Gehirn abgegeben. Ferner vermindert Fett die Verbrennung von Zucker und dadurch das Absinken des Blutzuckers. Unsere Körperzellen können nämlich zur Gewinnung von Energie nicht nur Zucker, sondern auch die im Fett enthaltenen Fettsäuren verbrennen. Ist reichlich Zucker im Blut vorhanden, verbrennt der Körper diesen zuerst. Befinden sich dagegen relativ viele Fettsäuren im Blut, verwenden die Körperzellen die angebotenen Fettsäuren zur Energiegewinnung. Der Blutzuckerspiegel wird also nach der Fettzufuhr mit einer gewissen Verzögerung absinken; die nächste Hungerattacke wird entsprechend später ausgelöst.

Verbannen Sie daher den Fettanteil nicht komplett aus Ihrer Kost, sondern gehen Sie bewusst damit um. Befolgen Sie die Devise: mäßig, aber regelmäßig. Kombinieren Sie außerdem fettreiche Lebensmittel immer mit kalorienarmen, voluminösen Beilagen. Denn Fett hat ein geringes Volumen, und auch die Sättigungssignale treten relativ langsam ein. Salat, Rohkost oder Gemüse sollten daher bei jeder Mahlzeit auf den Tisch. Auch eine klare Suppe vor dem Hauptessen erfüllt einen ähnlichen Zweck.

»Gutes« Fett

Besonders lange satt machen solche Fettsorten, die einen hohen Anteil an so genannten kurzen und mittelkettigen Fettsäuren enthalten. Diese verdaut der Körper nämlich anders: Sie werden schnell von der Leber aufgenommen und sofort zur Energieverwertung benutzt. Somit drosseln sie die Verbrennung von Zucker und bremsen damit das Absinken des Blutzuckerspiegels. Zudem lösen sie über weitere Stoffwechselmechanismen rasch ein Sättigungssignal aus.

Decken Sie Ihren Fettbedarf aus diesem Grund überwiegend über pflanzliche Öle und Fischfett. Informieren Sie sich dabei genau über die Fettgehalte der einzelnen Lebensmittel. Achten Sie auf verstecktes Fett in Wurst, Käse sowie verarbeiteten Produkten, und verwandeln Sie Gemüse, Kartoffeln oder Fisch nicht durch Panieren oder fette Saucen in Kalorienbomben.

GU-ERFOLGSTIPP

Spät zu Abend essen macht dick. Doch manchmal lässt es sich einfach nicht vermeiden. Um die »Schäden« an Ihrer Figur zu mildern und auch um besser zu schlafen, sollten Sie Ihre Verdauung nach einem späten Essen gezielt unterstützen: Setzen Sie auf Naturstoffe, die Ihre Verdauungsorgane (vor allem Leber und Galle) mild anregen, wie Artischocke, Anis, Fenchel, Kümmel, Schafgarbe, Pfefferminze und Wermut. Im Handel sind entsprechende Kapseln, Tropfen oder Tees erhältlich. Ganz wichtig: Nehmen Sie die Verdauungshilfe vor oder unmittelbar nach dem Essen ein und nicht erst kurz vor dem Zubettgehen. Nur so kann sie ihre Wirkung voll entfalten.

Hungrig durch Diätprodukte

Dicksein beginnt schon beim Einkaufen. Denn viele von uns holen sich gerade im Bemühen um eine kalorienarme Ernährung regelrechte Dickmacher ins Haus. Es gibt nämlich eine Fülle von so genannten Diätprodukten auf dem Markt, die Ihnen das Abnehmen nur angeblich erleichtern. Vorsicht ist geboten: Häufig handelt es sich bei diesen Produkten um regelrechte Diätfallen. Tappen Sie nicht hinein, sondern umschiffen Sie sie lässig! Bei folgenden Produkten müssen Sie aufpassen:

- Diät- und »Light«-Produkte sind Imitate, bei denen die traditionellen kalorienreichen Lebensmittelbestandteile (meistens Fett) durch einen kalorienarmen Inhaltsstoff (meist Wasser, ein unverdauliches Kunstfettimitat oder Süßstoff) ersetzt wurden. Doch jeder Organismus verfügt über ein eigenes Messsystem für den Energiegehalt der Nahrungsmittel und bemerkt die Mogelei solcher kalorienarmer Produkte. Die Folge: Es stellt sich kein richtiges Sättigungsgefühl ein, und spätestens nach ein paar Tagen versucht ein übergroßer Appetit, die fehlenden Kalorien wieder einzuholen.
- Wer auf fettarme »Light«-Produkte setzt, kompensiert dieses Minus durch mehr Eiweiß und mehr Kohlenhydrate. Wer Zucker gegen Süßstoff austauscht, holt sich seine fehlenden Kalorien durch eine erhöhte Zuckerzufuhr. Das Plus bei den Kalorien bleibt. Viele fettfreie oder fettarme Produkte enthalten überdies genau so viele Kalorien wie ihre Vollfettversionen; achten Sie also auf die Bilanz.
- Süßstoffe sind zwar kalorienarme Zuckerimitate, aber nicht unbedingt Schlankmacher. Nimmt die Zunge Süßes wahr, »weiß« das Gehirn, dass nun der Blutzuckerspiegel ansteigen wird, und gibt vorsorglich den Befehl zur Ausschüttung des blutzuckersenkenden Insulins. Da bei diesen Produkten aber überhaupt kein Zucker ins Blut gelangt, bewirkt dieser Reflex, dass ein Teil des stets im Blut vorhandenen Zuckers abgebaut wird. Sinkt der Blutzuckerwert nun unter eine bestimmte Schwelle, löst dies Hunger oder gar Heißhunger aus. Die Folge: Sie greifen zum Essen.

TIPP

Je mehr Abwechslung der Teller bietet, umso mehr Appetit haben wir auf das Essen – ein Effekt, den die Industrie mit immer neuen »Lebensmitteln« perfekt ausnützt. Ernähren Sie sich daher lieber von einfachen Speisen, die nicht durch zu üppiges Würzen zum Überessen einladen.

Mehr Durchblick im Supermarkt

Bezeichnung	Das steckt dahinter
light/leicht/ Limit	Was als »light« oder »leicht« gekennzeichnet wird, steht ganz im Ermessen des Herstellers, denn die Bezeichnungen sind gesetzlich nicht geschützt. Ein leichtes Produkt kann leicht bekömmlich, leicht verdaulich, locker und luftig, alkoholarm, koffeinarm, nikotinarm oder kohlensäurearm sein, aber nicht notwendigerweise auch kalorienarm. Achten Sie also darauf, auf was sich die Bezeichnung bezieht, oder lassen Sie das Produkt gleich im Regal!
kalorien-reduziert	Diese Bezeichnung ist in der Nährwertkennzeichnungsverordnung festgelegt. Bei solchen Produkten muss der durchschnittliche Brennwert eines herkömmlichen Vergleichsprodukts um mindestens 40 % unterschritten sein. Für bestimmte Erzeugnisse sind außerdem Brennwert-Höchstwerte vorgeschrieben.
kalorienarm	Mit diesem Zusatz darf nur geworben werden, wenn der Brennwert eines flüssigen Lebensmittels nicht mehr als 20 kcal bzw. 84 kJ/100 ml und der eines festen nicht mehr als 50 kcal bzw. 210 kJ/100 g beträgt.
diätetisches Lebensmittel	Darunter werden Nahrungsmittel verstanden, die in ihrer Zusammensetzung gegenüber normalen Produkten verändert sind, zum Beispiel natriumarm, kochsalzarm, eiweißreich, glutenfrei und anderes. Sie dienen speziellen Ernährungsanforderungen, beispielsweise bei Allergien oder Diabetes. Solche Produkte sind in der Regel nicht kalorienreduziert.
zuckerfrei	Lebensmittelrechtlich nicht definierte Bezeichnung, die lediglich sagt, dass kein normaler Haushaltszucker (Saccharose) verwendet wurde. Andere kalorienhaltige Süßmacher wie Traubenzucker, Malzzucker und Fruchtzucker oder Zuckeraustauschstoffe können durchaus enthalten sein.
Zuckeraus-tauschstoffe	Häufig wird Zucker durch so genannte Zuckeraustauschstoffe wie Fructose, Sorbit, Maltit, Mannit, Xylit oder Isomalt ersetzt. Diese Substanzen haben den Vorteil, dass sie nicht kariogen (= Karies fördernd) sind und insulinsparend abgebaut werden, es also nicht zu einem erhöhten Insulinspiegel und Hungergefühlen kommt. Sie haben aber (bis auf Maltit und Isomalt) den gleichen Kaloriengehalt wie reiner Zucker, eignen sich also nicht zum Kaloriensparen.
Zuckerersatz-stoffe	Zuckerersatzstoffe sind kalorienfreie Süßstoffe, die eine wesentlich höhere Süßkraft besitzen als Zucker (Saccharin, Cyclamat und Aspartam).

Fettersatzstoffe – die Zauberformel?

Die Lebensmitteldesigner bieten eine verlockende Lösung für alle, die nicht auf Fett verzichten wollen. Sie haben Fettersatzstoffe entwickelt, die nach Fett schmecken, aber kein Fett enthalten und deshalb kalorienarm sind. Man unterscheidet dabei drei Substanzgruppen, die im Rahmen einer Reduktionsdiät mitunter sogar sinnvoll sein können. Langfristig werden Sie dennoch nicht darum herumkommen, Ihre Essgewohnheiten zu ändern.

TIPP

Verbannen Sie Fastfood und Fertig-Lebensmittel, für die Sie wenig oder überhaupt keine Vorbereitungszeit brauchen, von Ihrem Speiseplan. Sie verführen dazu, sie in großen Mengen zu verschlingen. Und diese Extrakalorien werden Sie sehr lange mit sich herumschleppen müssen. Zudem sind die Produkte geschmacklich oft so »getunt«, dass Sie davon nie satt werden. Gehen Sie solchen Produkten also am besten ganz aus dem Weg!

Fettersatzstoffe auf Kohlenhydratbasis

Diese gelartigen Ersatzstoffe, die zum Beispiel aus Stärke oder Zellulose gewonnen werden, finden sich in zahlreichen »Light«-Produkten, insbesondere Salatsaucen, Brotaufstrichen, Eiscremes, Puddings oder anderen Dessertprodukten und Backwaren. Auf der Zutatenliste verbergen sie sich hinter dem Begriff »modifizierte Stärke«. Mit solchen Produkten, die übrigens im Körper verdaut werden, können bis zu 70 Prozent Fett eingespart werden. Bisher wurden noch keine unangenehmen Nebenwirkungen beobachtet.

Fettersatzstoffe auf Eiweißbasis

Für diesen Stoff werden durch ein spezielles physikalisches Verfahren Eiweißstoffe in winzige Teilchen zerkleinert, sodass ein fettartiger Geschmackseindruck entsteht. Als Ausgangsstoffe dienen Hühnereiweiß, Magermilch oder Molkeneiweiß. Weiterhin werden Wasser, Zucker, pflanzliche Bindemittel, Lezithin und Säuren zugesetzt. Entsprechende Produkte gelten in Deutschland als normale Lebensmittel und müssen nur mit den zu ihrer Herstellung verwendeten Zutaten deklariert werden. Sie werden im Körper normal verdaut, liefern pro Gramm etwa 4 Kilokalorien und werden vor allem in Desserts, Joghurtspeisen, Dips und Dressings verwendet.

Kunstfette

Kunstfette sind synthetische Fettersatzstoffe, die durch eine chemische Umsetzung von Rohrzucker mit den Fettsäuren von Sojabohnen, Mais- oder Baumwollsaatöl hergestellt wurden. Das bekannteste Kunstfett – Olestra – ist unverdaulich und daher kalorienfrei, in Deutschland jedoch bisher nicht zugelassen. Bedenken gegen dieses Produkt bestehen, weil eine Beeinträchtigung der Aufnahme fettlöslicher Vitamine sowie Ablagerungen im Körper nicht ausgeschlossen werden können. Peinliche Nebenwirkung: Durch das Fettimitat wird der Stuhl schlüpfrig und flüssig.

Mit Pillen das Fett besiegen?

Eins vorweg: Keine Pille kann gesunde Ernährungsgewohnheiten ersetzen. Im Gegenteil: Solche Medikamente verleiten geradezu zu einer schlampigen Ernährungsweise. Das Bewusstsein, selbst etwas tun zu müssen, schwindet immer mehr. Nach verschiedenen Vitaminpräparaten, Eiweißpulvern und Co. sind seit kurzer Zeit auch solche Pillen im Handel, die die Fettaufnahme bremsen sollen. Der Wirkstoff heftet sich dazu im Dünndarm an Fett verdauende Enzyme und blockiert sie. Auf diese Weise wird bis zu einem Drittel des Fettes unverdaut ausgeschieden. Nebenbei wird der Blutfettspiegel günstig beeinflusst. Was so verlockend klingt, ist jedoch nicht ungefährlich: Wer ein solches Produkt einnimmt, sorgt dafür, dass wichtige fettlösliche Stoffe wie Vitamine unverdaut den Körper passieren. Aus diesem Grund sind die Präparate verschreibungspflichtig und nur bei extremem Übergewicht und nach eingehender ärztlicher Beratung zu empfehlen.

Eine weitere Sorte von Diätpillen soll den Appetit dauerhaft dämpfen: Sie greifen so in den Gehirnstoffwechsel ein, dass dem Organismus auch bei geringer Nahrungsaufnahme Sättigung vorgegaukelt wird. Allerdings kann es dabei zu unwillkommenen Nebenwirkungen wie Müdigkeit, Durchfall, Schwitzen und Übelkeit kommen. Darüber hinaus ist wenig über die Langzeitwirkungen solcher Produkte bekannt. Sie sind verschreibungspflichtig und sollten ebenfalls nur bei extremem Übergewicht eingenommen werden.

HILFT DIE FETT-WEG-SPRITZE?

Seit einiger Zeit wird als Alternative zur Fettabsaugung die schonendere Fett-weg-Spritze propagiert (Injektions-Lipolyse): Der Wirkstoff Phosphatidylcholin wird direkt in die Fettpolster unter die Haut gespritzt, wo er gezielt Fettdepots abbauen soll, z. B. im Gesicht, am Bauch, an den Hüften oder den Oberschenkeln. Doch Vorsicht: Phosphatidylcholin ist nur zur Behandlung von Fettembolien zugelassen, zur Fettbeseitigung liegen keine klinisch kontrollierten Studien vor – auch wenn die Spritze bereits erfolgreich eingesetzt wird. Lassen Sie sich deshalb im Vorfeld unbedingt von einem kompetenten Arzt untersuchen und beraten.

Die 10 besten Ernährungstipps für 40+

Es ist wissenschaftlich erwiesen: Unsere südlichen Nachbarn sind gesünder, schlanker und leben länger. Die Frauen leiden überdies weniger unter Wechseljahrsbeschwerden. Das alles verdanken sie einer Kost, die kulinarischen Genuss mit optimalem Gesundheitsschutz verbindet. Zur Hitliste zählen viel frisches Obst, Gemüse und Kräuter, reichlich kaltgepresstes Olivenöl, Fisch und Meeresfrüchte sowie Essen mit Zeit und Genuss. Bei uns dagegen bestimmen oft Fastfood und Fertigprodukte den Essalltag. Steigen Sie aus und setzen Sie Zeichen: mit dem 40+-Ernährungskonzept.

1 Planen Sie Ihr Essen. Nehmen Sie ein gesundes Frühstück zu sich, beispielsweise eine Schale mit Müsli oder ein Vollkornbrot mit Quark – und zwar vor 9 Uhr morgens. Essen Sie etwa 3 Stunden nach dem Frühstück einen kleinen Snack, zum Beispiel ein Stück Obst, einen Becher mageren Joghurt oder zwei Stück fettarme Kekse. Nehmen Sie Ihre Mittagsmahlzeit nicht später als 13.30 Uhr zu sich. Wenn Sie nachmittags beginnen müde zu werden, sollten Sie sich mit hochwertiger Energie versorgen, beispielsweise mit Eiweiß und Kohlenhydraten in Form von fettarmen Joghurts oder körnigen Frischkäse, kombiniert mit Obst.

2 Essen Sie zwischen 18 Uhr und 20 Uhr zu Abend. So hat Ihr Körper ausreichend Zeit, die Kalorien zu verbrennen. Günstig sind eine Suppe oder ein Salat, Gemüse und Eiweißspender wie Geflügel oder mageres rohes Fleisch, Fisch oder Hülsenfrüchte. Versuchen Sie danach nichts mehr zu essen. Denn das Risiko für eine Gewichtszunahme ist jetzt am größten.

3 Trinken Sie viel Wasser, aber seien Sie vorsichtig mit Alkohol. Jedes Glas Wein ergibt 100 Kalorien extra zu Ihrer Mahlzeit, jeder Cocktail die zwei- bis dreifache Menge.
Wenn Sie Bier mögen: Trinken Sie abends, aber nicht zu spät, ein Glas alkoholfreies Bier. Es wirkt kräftig harntreibend und spült dadurch Schlacken und Gifte aus dem Körper. Außerdem wirken die enthaltenen B-Vitamine leicht stoffwechselaktivierend.

4 Stellen Sie sich eine kalorienarme und abwechslungsreiche Kost zusammen. Kaufen Sie dafür nur hochwertige Nahrungsmittel. Essen Sie täglich Frischkost in Form von frischem Obst, Rohkost und Salaten, aber auch Gemüse und Kartoffeln. Sie aktivieren damit Ihre inneren Sensoren fürs Sattsein. Versorgen Sie Ihren Körper darüber hinaus mit weiteren Ballaststoffen. Sie helfen den Blutzuckerwert zu stabilisieren, indem sie die Verwertung von Zucker verlangsamen. Gute Lieferanten für Ballaststoffe sind Weizenkleie, Maiskleie, Haferkleie, die meisten Zerealien sowie gekochte, getrocknete Hülsenfrüchte und die meisten Gemüsesorten.

5 Bedenken Sie: Gerichte im Restaurant sind in der Regel für Männer portioniert. Bestellen Sie daher nachdrücklich kleinere Portionen – so kommen Sie erst gar nicht in Versuchung, mehr zu essen, als Sie eigentlich wollen. Scheuen Sie sich nicht, auch einmal den Kinder- oder den Seniorenteller zu ordern.

6 Essen Sie langsam, und kauen Sie gut. Die Sättigungssignale des Magens brauchen etwa 15 bis 25 Minuten, bis sie das Gehirn erreichen. Wer in dieser Zeit heißhungrig sein Essen verschlingt, isst garantiert zu viel und wird später von einem unangenehmen Völlegefühl geplagt. Legen Sie also ab und zu das Besteck einen Moment beiseite und hören Sie in sich.

7 Essen Sie regelmäßig Krusten- und Schalentiere wie Garnelen, Hummer, Krebse, Austern oder Scampi. Darin steckt Taurin, das an zwei wichtigen Stellen in den Fettstoffwechsel eingreift: Es produziert Gallensäuren und Wachstumshormon, Substanzen, die die Fettverbrennung ankurbeln.

8 Essen Sie generell so wenig Zucker und Süßigkeiten wie möglich. Meiden Sie auf jeden Fall den »Turbo-Zucker«. Er steckt in allem, was süß schmeckt, aber auch in Softfood wie zum Beispiel Weißbrot, überreifem Obst, Kuchen, Fertiggerichten und Puddings.
Noch schlimmer: Zucker-Fett-Kombinationen, denn sie garantieren Rettungsringe. Der Turbo-Zucker lockt das Insulin, das das vorhandene Fett sofort in die Zellen verfrachtet und dort festhält. Top-Dickmacher, die häufig bedenkenlos gegessen werden, sind Schokolade, Kartoffelchips, Nuss-Nougat-Creme, Eierlikör, Tiramisu, Toastbrot oder Baguette, insbesondere aus Weißmehl.

9 Tricksen Sie das Insulin aus; normalerweise transportiert nur Insulin den Zucker aus dem Blut in die Zelle. Das kann auch hungrig machen. Durch Sport wird nun ein Hilfstransporter für Zucker gebildet, der auch noch 2 Stunden nach dem Training Zucker in die leeren Zellen pumpt.
Wer unmittelbar nach einer Belastung komplexe Kohlenhydrate wie Reiswaffeln oder Vollkornbrot verzehrt, kann den Appetit nach der Bewegung äußerst wirkungsvoll stoppen, ohne nach dem Sport in die Heißhungerfalle zu geraten. Wer dagegen zu fetten Pommes mit Majo oder zu einer leckeren Torte greift, bleibt oder wird schnell wieder hungrig.

10 Meiden Sie gehärtete Fette, Fettabbauprodukte (oxidierte Fette und Transfettsäuren). Sie stecken in erhitztem Fett (Frittenfett), bestimmten Margarinesorten und in vielen Fertigprodukten. Diese Fette erzeugen nicht nur figurfeindliche Schlackenstoffe, sie sind auch eine echte Gefahr für Ihre Gesundheit. Sie begünstigen insbesondere Zivilisationskrankheiten wie Herzinfarkt, Arteriosklerose oder Diabetes.

Bücher, die weiterhelfen

› **Breitenstein, Berend:** Power-Bodybuilding; **Rowohlt Taschenbuch Verlag, Reinbek b. Hamburg**

› **Goldsmith, Olivia/Fine Collins, Amy:** Stil mit Gefühl. Kleider, die zur Seele passen; **Rowohlt Taschenbuch Verlag, Reinbek b. Hamburg**

› **Hähnel, Evelyn:** Harmonie mit Shiatsu; **Haug, Stuttgart**

› **Hofmann, Inge:** Tabellen für die Traumfigur. Kalorien – Fett – Vitamine; **Goldmann, München**

› **Hofmann, Inge:** Lebe faul, lebe länger. Warum sich Müßiggang lohnt; **Goldmann, München**

› **Hofmann, Inge/Carlsson, Sonja:** Die große Ernährungstabelle. Kalorien, Vitamine, Mineralstoffe; **Bassermann, München**

› **Northrup, Christiane:** Frauenkörper, Frauenweisheit; **Zabert Sandmann, München**

› **Northrup, Christiane:** Weisheit der Wechseljahre; **Zabert Sandmann, München**

› **Rodrigues, Dinah:** Hormon-Yoga – Das Standard-Werk zur hormonellen Balance in den Wechseljahren; **Schirner Verlag, Darmstadt**

› **Seiwert, Lothar J.:** Life-Leadership; **Campus, Frankfurt**

› **Seiwert, Lothar J.:** Wenn du es eilig hast, gehe langsam. Mehr Zeit in einer beschleunigten Welt; **Campus, Frankfurt**

› **Worm, Nicolai:** Diätlos glücklich. Abnehmen macht dick und krank. Genießen ist gesund; **Systemed, Lünen**

Bücher aus dem GRÄFE UND UNZER VERLAG

› **Bimbi-Dresp, Michaela:** Das große Pilates-Buch

› **Brüggemann, Gela/Hinderberger, Sylvie/Ströbele, Nanette:** Warum Diäten scheitern

› **Buchhorn, Dr. med. Tomas/Winkler, Nina:** Das große GU Laufbuch

› **Despeghel, Dr. med. Michael/Heufelder, Prof. Dr. Armin:** Ran an den Bauch

› **Grasberger, Dr. med. Delia:** Autogenes Training (mit CD)

› **Grillparzer, Marion:** GLYX-Diät

› **Grillparzer, Marion/Kittler, Martina:** Fatburner. So einfach schmilzt das Fett weg

› **Hederer, Markus:** Laufen statt Diät

› **Kraske, Dr. med. Eva-Maria:** Säure-Basen-Balance

› **Münchhausen, Dr. Marco von/Despeghel, Dr. med. Michael:** Abnehmen mit dem inneren Schweinehund

› **Pape, Dr. med. Detlef/Schwarz, Dr. med. Rudolf/Trunz-Carlisi, Elmar/Gillessen, Helmut:** Schlank im Schlaf

› **Schmidt, Dr. Mathias/Helmkamp, Andreas/Mack, Norbert:** Nordic Walking

› **Trökes, Anna:** Die Yoga Box

› **Trökes, Anna:** Yoga ab 40

› **Tschirner, Thorsten:** Bauch, Arme, Brust. Bodystyling für den Oberkörper

› **Tschirner, Thorsten:** Der BBP-Trainer

› **WeightWatchers:** Der 4 Wochen Power Plan

› **Winkler, Nina:** Bauch, Beine, Po intensiv

› **Wolf, Doris:** Übergewicht und seine seelischen Ursachen

Adressen, die weiterhelfen

Deutsche Gesellschaft für Endokrinologie
c/o EndoScience Endokrinologie Service GmbH
Thalkirchner Straße 1
80337 München
www.endokrinologie.net

Deutsche Gesellschaft für Ernährung e. V. (DGE)
Godesberger Allee 18
53175 Bonn
www.dge.de

Deutscher Olympischer Sportbund
Otto-Fleck-Schneise 12
60528 Frankfurt am Main
www.dosb.de

Institut für Sporternährung e. V.
In der Aue 30–32
61231 Bad Nauheim
www.isonline.de

Österreichischer Fachverband für Turnen
Schwarzenbergplatz 10
A-1040 Wien
www. oeft.at

Österreichische Gesellschaft für Ernährung (ÖGE)
Zaunergasse 1–3
A–1030 Wien
www.oege.at

Institut für Klinische Chemie und Hämatologie
(Forschungsschwerpunkte u. a. Fettstoffwechsel und Endokrinologie)
Kantonsspital Haus 04
CH-9007 St. Gallen
www.ikch.ch

Schweizerische Gesellschaft für Ernährung
Effingerstr. 2
CH-3001 Bern
www.sge-ssn.ch

Schweizerischer Turnverband STV
Bahnhofstrasse 38
CH-5001 Aarau
www.stv-fsg.ch

Internetadressen, die weiterhelfen

www.dtb-online.de
Internetplatform des Deutschen Turner-Bundes; Infos zu verschiedenen Sportarten und Adressen der Verbände.

www.richtigfit.de
Vielfältige Themenspecials wie Nordic Walking, gesunde Ernährung, Entspannung und Fitness im Büro.

www.vitalstoffe.de
Wissenswertes über Quellen und Wirkung verschiedener Vitamine und Vitalstoffe sowie Infos zu schonenden Zubereitungsarten.

www.pilates.de
Alles über die Methode inklusive Empfehlung für qualifizierte Trainer und Studios in Deutschland, Österreich und der Schweiz.

www.gofeminin.de
Unter dem Suchbegriff »Abnehmen im Alter« erfahren Sie, woher die Pfunde kommen, und was Sie dagegen tun können.

www.gynaktuell.de
Aktuelle Informationen rund um die Gesundheit der Frau.

Sachregister

Impressum

Erweiterte und aktualisierte Neuausgabe von "Schlank ab 40", GRÄFE UND UNZER VERLAG 2002, ISBN 3-7742-5566-0.

Wichtiger Hinweis

Die Gedanken, Methoden und Anregungen in diesem Buch stellen die Meinung bzw. Erfahrung der Verfasserin dar. Sie wurden von der Autorin nach bestem Wissen erstellt und mit größtmöglicher Sorgfalt geprüft. Sie bieten jedoch keinen Ersatz für persönlichen kompetenten medizinischen Rat. Jede Leserin, jeder Leser ist für das eigene Tun und Lassen auch weiterhin selbst verantwortlich. Weder Autorin noch Verlag können für eventuelle Nachteile oder Schäden, die aus den im Buch gegebenen praktischen Hinweisen resultieren, eine Haftung übernehmen.

ISBN 978-3-8338-0497-7

3. Auflage 2008

Programmleitung: Ulrich Ehrlenspiel
Redaktion: Barbara Fellenberg
Lektorat: Sylvie Hinderberger
Layout: independent Medien-Design, Claudia Hautkappe
Herstellung: Petra Roth
Satz: Christopher Hammond
Reproduktion: Repro Ludwig, Zell am See
Druck: Firmengruppe APPL, aprinta druck, Wemding
Bindung: Firmengruppe APPL, sellier druck, Freising

Bildnachweis:

Fotoproduktion: Tom Roch
Weitere Fotos: Gettyimages: S. 22; GU: S. 103, 106 (Studio L'Eveque, Harry Bischof), 104, 109 (Food-Photography Eising, Martina Görlach).
Illustrationen: Terrence Whelan

GRÄFE UND UNZER

Ein Unternehmen der
GANSKE VERLAGSGRUPPE

Liebe Leserin und lieber Leser,

wir freuen uns, dass Sie sich für ein GU-Buch entschieden haben. Mit Ihrem Kauf setzen Sie auf die Qualität, Kompetenz und Aktualität unserer Ratgeber. Dafür sagen wir Danke! Wir wollen als führender Ratgeberverlag noch besser werden. Daher ist uns Ihre Meinung wichtig. Bitte senden Sie uns Ihre Anregungen, Ihre Kritik oder Ihr Lob zu unseren Büchern. Haben Sie Fragen, oder benötigen Sie weiteren Rat zum Thema? Wir freuen uns auf Ihre Nachricht!

GRÄFE UND UNZER VERLAG

Leserservice
Postfach 86 03 13
81630 München

Wir sind für Sie da!

Montag–Donnerstag: 8.00–18.00 Uhr
Freitag: 8.00–16.00 Uhr

Tel.: 0180-5005054*
Fax: 0180-5012054*

*(0,14 €/Min. aus dem dt. Festnetz/ Mobilfunkpreise können abweichen.)

E-Mail: leserservice@graefe-und-unzer.de

Wollen Sie noch mehr Aktuelles von GU erfahren, dann abonnieren Sie doch unseren kostenlosen GU-Online-Newsletter und/oder unsere kostenlosen Kundenmagazine.

Unsere Garantie

Alle Informationen in diesem Ratgeber sind sorgfältig und gewissenhaft geprüft. Sollte dennoch einmal ein Fehler enthalten sein, schicken Sie uns das Buch mit dem entsprechenden Hinweis an unseren Leserservice zurück. Wir tauschen Ihnen den GU-Ratgeber gegen einen anderen zum gleichen oder einem ähnlichen Thema um.

GRÄFE UND UNZER

Ein Unternehmen der
GANSKE VERLAGSGRUPPE